ASAHI SENSHO 朝日選書 991

日本のイスラーム

歴史・宗教・文化を読み解く

小村明子

朝日新聞出版

日本のイスラーム　歴史・宗教・文化を読み解く　目次

第2章　日本におけるイスラームの歴史　37

地図／加賀美康彦
図版／谷口正孝
写真（特に断りのないもの）／朝日新聞社

日本のイスラーム

歴史・宗教・文化を読み解く

小村明子

はじめに

2015年に『日本とイスラームが出会うとき―その歴史と可能性―』を上梓してから、早4年が経過した。その間にも日本のイスラームの状況は刻々と変化している。ムスリム留学生の増加に伴い、モスクなどのイスラーム的な環境が整備されている。また訪日ムスリム観光客への対応によって、本来の意味は違うのだが、ムスリムが安心安全に飲食できることを謳う「ハラール」という言葉が、日本のビジネス業界に定着している。さらに、2019年4月から新たな外国人材の受入れ政策となる改正入管法が施行されたこともあって、新たな課題、すなわち報酬や社会保障、日本語教育など、地域社会における外国人労働者とその家族への対応についても議論が持ち上がっている。もちろん、受け入れる外国人材にはムスリムも含まれる。前記の問題以外に宗教文化としてのイスラームを如何に地域社会が受け入れてゆくのかも課題に加わることとなる。

こうした日本国内のイスラームに関する新たな課題については、一つ一つ焦点をしぼって論じることが必要となる。とりわけ１９８０年代後半から見られた就労目的で来日した滞日外国人ムスリムの存在は、過去から現在に至るまでのイスラーム的な環境を日本にもたらすことになった。具体的にいえば、彼らとの結婚による日本人改宗ムスリムの増加である。だがそれだけではない。日本国内におけるムスリム第２世代の誕生をももたらした。それは結果として、地域におけるモスクの開設や学校教育現場におけるムスリム子弟への対応など、地域社会におけるイスラーム的な環境整備を副次的にもたらすことになった。このように過去における状況を見ていくと、今後労働人材として、より多くの外国人ムスリムを受け入れることは、日本のムスリム社会のさらなる変貌をもたらす可能性がある。

そこで本書では、日本のムスリム社会を概観して、前述の新たな課題に関する現状についても触れることで、日本社会に如何にイスラームが広まっているのかを述べる。また以上を踏まえて、日本とイスラームとの共存について考察し、社会に何らかの提言をすることを目的とする。

まず第１章では、そもそもイスラームとは何であるのか、その教義について述べていく。本書の主題である日本のイスラームを理解する上で、イスラームの宗教教義の基本事項を知っておくことは極めて重要なことであるからだ。

その後の章では、日本におけるイスラームと日本のムスリムたちを、これまでの調査に基づいて過去から現在に至るまで概観する。第２章では、日本におけるイスラームの歴史を明治時代から現在まで概観していく。第３章では、その歴史を作ってきた日本人ムスリムについて、とくに１９８

0年代以降の改宗ムスリムの生き方を中心にして言及する。第4章では、同じく日本におけるイスラームの歴史を作り上げてきた外国人ムスリムについて取り上げる。とりわけ、1980年代後半から就労目的で来日した外国人ムスリムに焦点を当てる。事例として、1995年から1996年における筆者によるインタビュー調査の結果を踏まえながら、彼らのムスリムとしての生き方について述べる。第5章では、第4章で述べた就労目的で来日した外国人ムスリムについて、2019年4月から施行されている外国人材受入れ政策とともに、それに関連した課題についてフィールドワークの結果を踏まえて述べる。第6章では、日本のムスリムたちを巻き込むことになった日本のハラール・ビジネスにおける課題を取り上げる。第7章はこれまで各章で述べてきたことをまとめ、日本のイスラームについて何がいえるのか、特に第5章および第6章で述べた課題が如何に日本社会に関わり合うのかについて論じ、将来における日本とイスラームの共存について考察する。

またフィールドワークを通して日本のムスリムを見ていくと、世間が抱いているイメージとは異なることに気づく。全てのムスリムがイスラームの教義に固執しているわけではなく、彼らの多くは非常に穏やかである。非ムスリムに対しても寛容であり、時には度が過ぎて本当にこれがムスリムかと思わざるを得ない者もいる。本書によって実際の日本のムスリムの生き方を知って理解することで、日本のイスラームの状況を知り、今後の多様性のある共存社会の構築に役立ててもらえれば幸いである。

本書を書くにあたって

本書は筆者の長年のフィールドワークの結果に基づいている。筆者は調査方法として、外国人ムスリムや日本人ムスリムへの長期に亘るインタビューを行っている。インタビューを受けてくれたムスリムの中には、ムスリムであることを隠す必要はない、堂々と語るべきだと考えて、実名を掲載しても構わないと述べる方もいた。だが筆者は彼らのプライバシーを考慮してあえて実名は入れず、掲載順にアルファベット（A〜Z）で表記している。

凡例

論文や研究書においては、ムスリムたちが使用するアラビア語の発音に忠実になるようにイスラーム用語が使用されている。だが、本書は一般読者が対象である。したがって、ムスリムが使用していても、まだその表記が社会に浸透していない用語については、以下のように記すことにする。

「マスジド」→「モスク」
「マッカ」→「メッカ」

「マディーナ」→「メディナ」

また以下の用語は、既に社会に浸透している言葉であると同時に、表記によっては意味が違ってくることもあるので、本来のイスラーム用語に合わせる。

「マホメット」→「ムハンマド」
「イスラム」→「イスラーム」
「イスラム教徒」→「ムスリム」
「コーラン」→「クルアーン」
「スンニ派」→「スンナ派」
「ハラル」→「ハラール」

またイスラーム用語の表記は、2002年発行の『岩波イスラーム辞典』に準拠している。本文中で初出の箇所では、「アラビア語あるいはイスラーム用語［和訳または一般的な表記］」と併記する。

本文中のクルアーンの翻訳の引用については、2009年発行の宗教法人日本ムスリム協会編集による『日亜対訳・注解　聖クルアーン』（第10刷）に基づいている。

第1章　イスラームとは何か

イスラームとは何か

イスラームはキリスト教に次いで、信徒数が2番目に多い宗教である。一神教であり、啓典は「クルアーン」である。クルアーンは必ずアラビア語で書かれている。アラビア語と他言語が併記されているものは、クルアーンの翻訳書という扱いになる。また、預言者ムハンマドの言行録である「ハディース」もイスラームの教義を規定する基となっている。

イスラームはアラビア半島発祥の宗教であるが、今や中東のみならず全世界に広がっており、日本にも流入している。本書は日本のイスラームについて述べることに目的があるがその前に、イスラームという宗教とその成立の歴史について簡単に述べることから始めよう。

信仰心の厚いムスリムであればあるほど、非イスラームの国々や地域に居住していても、イスラームの教義を厳格に守ろうと努力する。言い換えれば、イスラーム的な環境にいようがいまいが、どこでもイスラームの教義を守り通すのがムスリムとしての義務だからだ。したがって、日本のムスリムたちの生き方を理解するためには、まず知識としてイスラームそのものを知る必要がある。

イスラームには時代性や地域性、社会状況にかかわらずその根本は不変であるという信仰の土台がある。我々の多くは、日本に滞在する外国人ムスリムたちもいつかは日本文化に染まると思うかもしれない。しかしイスラームは文化である以前に宗教である。通常、文化は土着文化と融合し、変容することができる。だが、どの文化圏にあろうがイスラームの教え自体は変わらない。では、その不変なイスラームの教義を実践するとは具体的にどういうことなのか。まずイスラームの多数派であるスンナ派による、信仰の基軸となる六信五行について取り上げてみよう。

イスラームの六信五行について

イスラームには、「六信」と呼ばれる以下の6つの信仰箇条がある。これら6つの信仰箇条はイスラームの信仰の根幹をなすものである。

1．アッラー［唯一神］（注：［　］内は和訳または一般的な表記。以下、同様）
イスラームは一神教である。その唯一神のことを「アッラー」という。唯一絶対の存在であり、ムスリムはアッラーに従うことが常に求められている。

2. マラーイカ［天使］

ムスリムは、天使の存在を信じなければならない。天使は神の補佐役であり、神と人間との中間的存在である。人間が土から創造されたのに対して、天使は光から創られたとされる。イスラームには、預言者ムハンマドに神の啓示を伝えた「ジブリール［ガブリエル］」、他に、ミーカーイール［ミカエル］」、イスラーフィール、イズラーイールといった大天使がいる。また各々の人間の両肩には生まれた時から天使がおり、その人の現世での善行と悪行を帳簿に記録している。なお、その帳簿に記録された内容はすべて最後の審判の日に裁定される。

3. キターブ［啓典］

イスラームで「啓典」といえば、「クルアーン」のみと思われるかもしれない。だが、それ以外にもユダヤ教の啓典である「タウラー［トーラー（モーセの律法）］」や「ザブール［詩篇］」、キリスト教の啓典である「インジール［福音書］」も啓典とされている。イスラームにとって、彼らの宗教はイスラームに先行するものであり、同じ一神教の系譜でもあることから、彼らの啓典もまた神の言葉であるとされる。故に、イスラームでは、ユダヤ教徒やキリスト教徒のことを「アフル・アル＝キターブ［啓典の民］」とも呼ぶ。だがイスラームこそが真の宗教であり、最後に啓示があったクルアーンこそが神の言葉を正しく伝えているとイスラームでは考えられている。

4. ナビー［預言者］

預言者とは「神から下された言葉を預かる者」のことである。イスラームの預言者といえば、ムハンマドであるが、ユダヤ教の開祖モーゼやイエス・キリストも預言者に含まれる。すなわち、神の啓示を様々な方法で受けた人間が預言者である。預言者は尊敬されるべき人物とみなされている。だがあくまでも人間である。なお『岩波イスラーム辞典』によれば、クルアーンに登場する預言者として25名が挙げられている。

5. アーヒラ［来世］

イスラームにおける来世は、現世が終末を迎える時に出現する永遠の世界のことを示す。永遠の世界は楽園と火獄《かごく》から成る。イスラームにはヒンドゥー教における輪廻転生や日本仏教のように様々な種類の地獄があるわけではない。また来世は死者がすぐに行く死後の世界のことでもない。世界の全人間は死後に土に還って骨になった後、終末の到来と同時に元の体で蘇り、最後の審判を受けることになる。最後の審判の後、人間は楽園か火獄のどちらかに行き永遠の命を与えられる。それ故に、ムスリムは来世を楽園で過ごすために、現世でイスラームの教義に則った生活を送るよう努めることが常に求められている。なお楽園は水と緑にあふれ、いくら飲んでも悪酔いしない酒を飲み、好きなだけ食べ物を食べることができる。一方で火獄へ行くと、業火によって永久にその身を焼かれることになる。

6. カダル［定命］

人間は生まれた時からアッラーによってその運命が決められている。その人にとって良いことも悪いことも、そして死ぬ時もすべてアッラーが決めている。それを「定命」という。神によって既に人生が決まっているのなら、努力しなくとも良いのではないかと思われるかもしれない。だが、アッラーは人間に知性・意思そして力を与えて創造した。人はアッラーから与えられた力によって良きこと悪しきことを判断し、自らの意思で行動を決定し、その行動に対して責任を負う。日本の諺にもあるように、「人事を尽くして天命を待つ」ということである。

「六信」に続き、イスラームには、「五行」というムスリムたちに義務付けられている宗教行為がある。五行とは、以下の5つの規定された行為のことである。

1. シャハーダ［信仰告白］

イスラームに改宗する際に特定の文言を何度も述べて、イスラームへの帰依を確認する行為である。その文言は「ラー、イラーハ、イッラッラー。ムハンマド、ラスールッラー［アッラーのほかに神はなし。ムハンマドはアッラーの使徒である］」という。入信式では男性ムスリム

2名の証人が必要となる。この証人制度はウンマ［イスラーム共同体］の代表という意味合いがある。また、両親（あるいは父親）がムスリムの場合、生まれながらのムスリムとなるので、シャハーダをする必要はない。なお、ムスリム男性がキリスト教徒やユダヤ教徒、いわゆる「啓典の民」の女性と結婚する場合、配偶者となる女性はイスラームに改宗しなくとも良いというきまりがある。ただし女性がムスリムの場合、男性配偶者はキリスト教徒やユダヤ教徒であっても、イスラームに改宗しなければ結婚はできない。

2．サラート［一日5回の礼拝］

ムスリムは、一日5回決まった時間内に現サウジアラビア王国内にある聖都メッカの方角を向いて礼拝をしなければならない。その時間帯は、おおよそ以下の通り決められている。

1回目→ファジュル［日の出前の早朝］
2回目→ズフル［太陽が南中あたりにきている昼間］
3回目→アスル［午後遅く］
4回目→マグリブ［日没］
5回目→イシャー［就寝前］

各礼拝時刻は太陽の位置で決定される。例えば、東京での1月1日におけるファジュルの礼拝は、5時19分から日の出となる6時50分の間に行う。またその5カ月後となる6月1日における東京でのファジュルの礼拝は2時41分から4時27分の間に行う。なお1年間の礼拝時刻を記したカレンダーはインターネットで確認することができる上、近年では礼拝時刻になったことを告げるスマートフォンのアプリもある。

礼拝前には必ず不浄を清めなければならない。清める方法は両手、顔、頭、耳、両足を定められた順に水で清めるもので、「ウドゥー」と呼ばれている。また生理中の女性は礼拝ができないが、生理が終わった後に体全体を水で清め（この行為を「グスル」という）、その後に通常の礼拝を行うことができる。

東京都渋谷区の東京ジャーミイにて、メッカの方向に向かって集団礼拝をするムスリムたち。撮影日：2015年1月16日

これ以外にも、成人男性には、金曜昼間に行われる集団礼拝に参加することが義務づけられている。なお特別な礼拝もある。例えば、ラマダーン月［イスラーム暦の9月］が終わった次の日の朝には集団礼拝が行われる。ま

た「ジャナーザ［葬儀］」の礼拝は集団的義務として行われる。この時の礼拝方法は、通常とは異なる。

3．ザカート［喜捨］

自分の財産から、決められた割合の額を貧しい人びとに施すことをいう。決められた割合として、金銭での喜捨の場合には1年の貯蓄の2・5％を貧しい人びとに施す。「ザカート」はラマダーン月に行われる。この時期に施しを行うと、神からの恩恵をいつもの時期よりも増して受けることができるといわれているからだ。それ以外の自発的な任意の施しは「サダカ」と呼ばれている。

4．サウム［断食］

ラマダーン月に行う「サウム」が世界的に最も知られている。イスラーム暦は太陰暦である。そのために、ラマダーン月は毎年10日から12日ずつ太陽暦とのずれが生じることになる。ラマダーン月にいつ入るのかを知るためには、月の形を見て確認することになる。確認方法は、前日の夜に新月であるかどうかを肉眼で確認する。新月が確認できれば、ラマダーン月に入ったことになる。ラマダーン月に限らず、いかなる時期のサウムであっても太陽が出ている時間帯は全く飲食ができない。また、性欲など人間の全ての欲を断つことも求められている。嗜好品となるタバコも禁止される。サウムを行う目的は普段忘れがちなアッラーの恩恵を改めて感じ取り、神への感謝と服従を行うことである。またサウムをすることによって、食べ物に事欠く貧しい人びとを思いやる気持ちも生まれ、同じサウムをする人びと、つまりムスリムの間での連帯感も生ずる。なお、太陽が沈んでその日のサウムが終わったときに初めて飲食ができる。その食事のことを「イフタール」と呼ぶ。胃が空っぽの状態になっているので、まずはナツメヤシの実と水を摂取し、その後にマグリブの礼拝を行う。礼拝後に通常の食事を摂取する。ラマダーン月には、ムスリムはサウムをしなければならないが、病気にかかっている者、妊産婦、乳幼児は断食が免除される。旅行者も旅行中はサウムが免除されるが、後日断食ができるようになったときに行う。ラマダーン月の開始と同様に、月の形が確認できたならラマダーン月が明けたことになり、その次の日は「イード・アル＝フィトル［断食明けの祭］」となる。この日は朝に集団礼拝があり、晴れ着を着てモスクに出かける。その後に家族や友人たちとともに食事をとり、ラマダーン月が明けたことを祝う（なおサウムはラマダーン月以外にも、シャウワール月［イスラーム暦の10月］や、ムハッラム月［イスラーム暦の1月］の9日および10日にも行われる）。

5. ハッジ［巡礼］

現サウジアラビア王国内の聖都メッカにあるカアバ（イスラームの聖殿）に巡礼することを指

す。イスラーム暦の12月にあたる巡礼月に行く巡礼のことを「ハッジ［大巡礼］」、それ以外の月に行く巡礼は「ウムラ［小巡礼］」と呼ばれる。ハッジは一生に一度行うことが義務づけられている。また巡礼を行うには成人であり、かつ十分な財力を持ち、健康であることが求められる。ハッジは特別な服を身につけて行う。男性は、縫目のない木綿の白い2枚の布を、女性は、頭髪まで覆うことができ足首まで届く簡素な長い布を身にまとう。さらにハッジではいつどこで何をするのか一連の行動が全て決められている。例えばカアバ神殿の周りを左回りに7周するタワーフや、その後カアバ神殿の隣にあるサファーとマルワの二つの丘の間を7度往復するサアイ、などという巡礼中の定まった行程がある。

これら六信五行を守ることがムスリムとしての最大の義務となる。

ムスリムとしてイスラームの教えを実践することは、日常生活の細部から個人の思考に至るまで、全ての面で宗教的関わり合いを求められることになる。ましてやイスラーム地域であれば、国家の法律あるいは社会制度としてイスラームの宗教教義が関わってくる。故に、国家あるいは社会としてもまたイスラームの宗教教義を守らなければならない。この点においてイスラームは、日本人にとって感覚的に異なった宗教だといえる。日本では仏教や神道は日常生活の所作について細かい規定はなく、ましてや現在の国の法律や社会制度が宗教によって直接影響を受けることもないからである。

多くの日本人にとってイスラームは事細かな規則の多い宗教であるという認識だろう。それ故、この宗教に対して取っつきにくい印象を感じるかもしれない。だが一方で、一部の日本人にはイスラームに惹かれて自ら改宗する者もいる。そもそもイスラームは発祥地となるアラビア半島から拡大して、今や世界第2位の信徒数を有する宗教になっている。読者はなぜそうなったのか疑問に思うだろう。そこで、次にイスラームが興った歴史とその拡大について触れてみよう。

イスラームの成立の歴史

イスラームは、7世紀にアラビア半島（現在のサウジアラビア王国）の都市で東西交易の中継地点として栄えた商業都市メッカで発祥した宗教である。また預言者ムハンマド（570年頃〜632年）を開祖としている。ムハンマドは、メッカの名門クライシュ族のハーシム家の出身であった。だが、彼の父親であるアブドゥッラーはムハンマドが誕生する数カ月前に死去し、母親もまた彼が6歳の頃に亡くなった。その後、ムハンマドは父方の祖父に預けられるがまもなく祖父も亡くなり、最後に父方の伯父に引き取られ、伯父の仕事である隊商交易に従事した。25歳の時にムハンマドは年上の寡婦ハディージャと結婚した。ハディージャとの間には、二男四女の子どもができたが、男子二人は幼い時に死去した。

ムハンマドが40歳（610年頃）の時にメッカ郊外のヒラー山の洞窟で瞑想していると、唯一神アッラーの啓示を携えて大天使ジブリールが降りてきた。大天使は「この一節を読め」と強い声でムハンマドに要求した。ムハンマドは読み書きができなかったので「読めない」と答えた。だが、「読め」という命令はくり返された。ムハンマドが何を読めばよいのか尋ねると、クルアーン第96章第1節が示された。これが最初の啓示であった。

最初の信徒は、妻のハディージャであった。ムハンマドはメッカで布教活動を始めた。だが当時のメッカは多神教の聖地であり、カアバ神殿には多数の偶像が安置されていた。しかもメッカでは巡礼に訪れた人びと相手の商売が行われていた。唯一神アッラーへの服従、ムハンマドを預言者として認めること、そして人間の平等を唱えたイスラームを広めることは、多神教を信奉する権力者や富裕層には受け入れ難い行動であった。ましてや神の前では全ての人間が平等だと主張するから、彼らの既得権益や社会的地位を脅かすことになる。ムハンマドとイスラームの信徒たちは激しい迫害を受けることとなった。

厳しい迫害から逃れるため、ムハンマドはヤスリブ（現在のメディナ）への移住を決断した。ヤスリブはメッカの北方に位置する町である。住民はアラブ系部族とユダヤ系部族であった。彼らは部族間抗争をくり返していた。折しもヤスリブからメッカへ巡礼に訪れた者の中には、イスラームへの改宗者がいた。またヤスリブの部族長たちの中にはムスリムとなった者も現われた。ムスリムとなったヤスリブの部族の指導者たちは、ムハンマドが部族間抗争の調停者となることを期待していた。彼らが移住を勧めてくれたことを機会に、ムハンマドや信徒たちはヤスリブに移り渡った。

これは622年のことであり、世界史の用語では「ヒジュラ［聖遷《せいせん》］」と呼ばれている。その後ヤスリブは「メディナ」と改名された。ムハンマドはメディナでの布教活動によって多くの信者を獲得し、メディナにおけるウンマ［イスラーム共同体］の建設に成功する。また周辺地域のアラブ人を帰依させることで共同体はさらに拡大することとなった。メッカへの凱旋帰還を果たしたのは630年のことである。無血征服を果たしたムハンマドはカアバ神殿に安置されていた偶像を全て破壊し、メッカのイスラーム化を成し遂げた。その後632年に、ムハンマドはメディナにて死去した。

ムハンマドの死後、イスラーム共同体から民主的に選出される預言者の後継者またはカリフ［代理人］の統治による「正統カリフ時代（632年～661年）」が始まり、4代約30年近く続いた。この時期は国家としての体制基盤の整備を進めた時代である。同時に、イスラームが周辺地域から世界へと広がっていった。

イスラームの拡大

ムハンマド時代には、アラビア半島西部が勢力範囲であったが、初代カリフのアブー・バクル（在位632年～634年）の時にはアラビア半島全域まで領土を拡大した。また、2代目カリフのウマル（在位634年～644年）の時には、エジプト、パレスチナ、ペルシアの一部、現在のトルコ東部の一部まで拡大した。３代目カリフのウスマーン（在位６４４年～６５６年）の時には、西は現在のリビアとチュニジアの一部、東はカスピ海西側沿岸から現在のイランおよびアフガニスタンにあたる地域の一部にまで拡大した。この３代目カリフであったウスマーンは同族を重用したイスラーム共同体運営を行った。彼の運営政策に不満を抱いた者たちは、預言者ムハンマドの娘婿であるアリーを推すようになった。ウスマーンが彼に反対する者によって暗殺されると、アリーが第４代カリフとなった。アリー（在位６５６年～６６１年）の時イスラーム共同体は、ウスマーンと同族で後にウマイヤ朝（６６１年～７５０年）を成立させて初代カリフとなるムアーウィヤとアリーとの間で分裂した状況となった。

アリーが暗殺されると、ムアーウィヤによってウマイヤ朝が成立した。ウマイヤ朝時代には西はイベリア半島、東は現在のパキスタンとインド西部の一部および中央アジアの一部（現在のウズベキスタン）まで拡大した。また、現在のウズベキスタンやトルクメニスタンにあたる中央アジアは、8世紀初頭にアラブ軍に征服された後にイスラーム化されていった。

なおウマイヤ朝の成立後に、イスラーム共同体の中から民主的にカリフを選出することを支持した人びとによってスンナ派が、預言者の血統である娘ファーティマの夫であるアリーのみを支持した人びとによってシーア派が成立した。

その後、モロッコから中央アジア西部までの広範囲な領土を統治したアッバース朝（７５０年～１２５８年）、十字軍時代（11世紀末～13世紀末）を経て、次のオスマン帝国（１２９９年～１９

イスラームの地域的拡大〜預言者ムハンマドからウスマーン時代

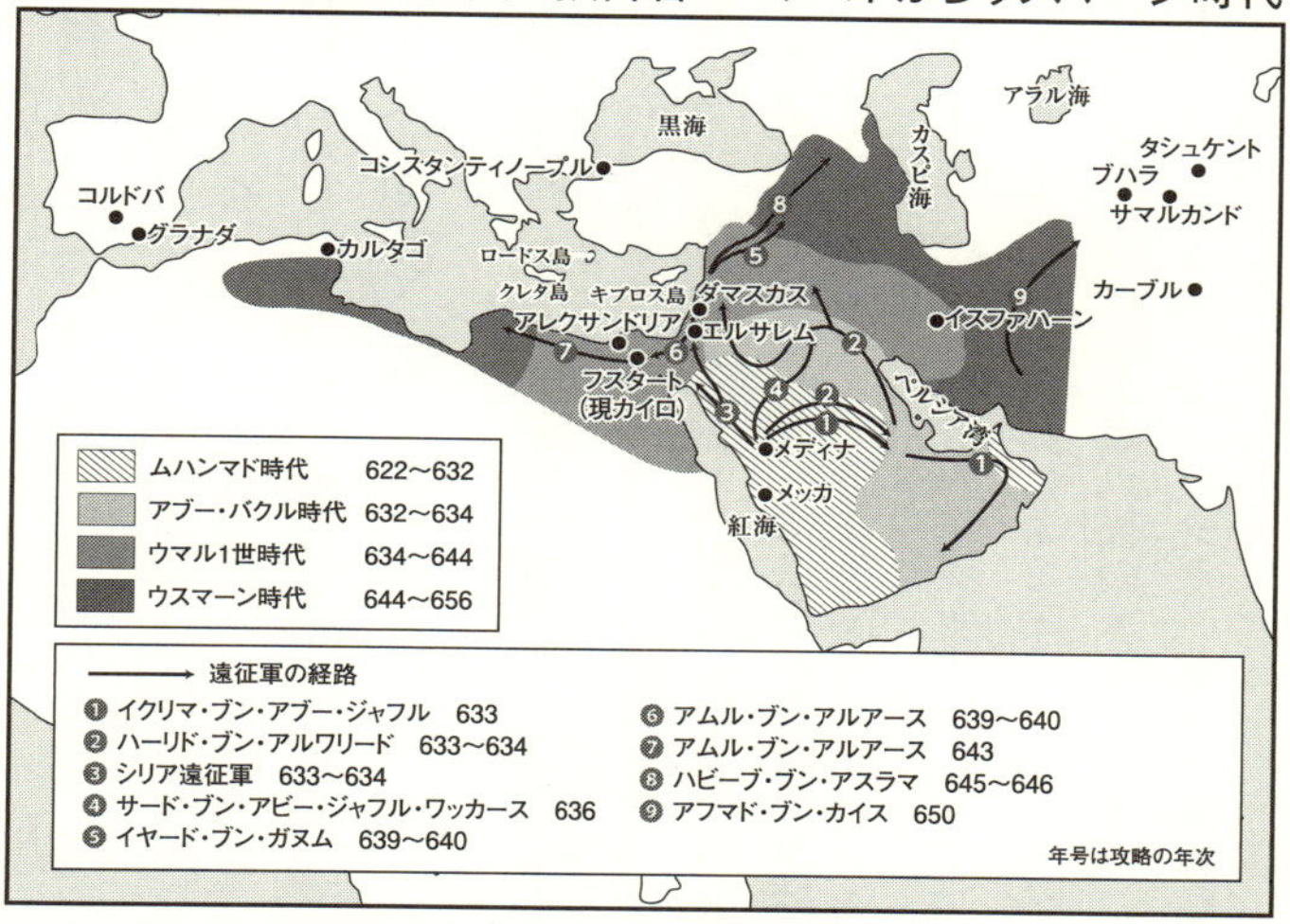

イスラームの地域的拡大〜ウマイヤ朝時代

日本イスラム協会、嶋田襄平、板垣雄三、佐藤次高（監修）平凡社『新イスラム事典』2002年、140-141頁に基づいて作成。

22年）では、現在のハンガリー、クリミアなど黒海沿岸、現リビアおよびチュニジアなどの地中海沿岸部などと、さらに領土を拡大した。こうしてイスラームは世界に広まっていった。

以上の拡大は、軍事的な活動におけるイスラームの拡大であった。一般的に、多くの人が抱いている否定的なイメージ（「戦争」「テロ」など）と一致するように、イスラームは戦いで広まったと思われるかもしれない。確かにある時期には軍事的な活動によって広まったといえる。だがイスラームが世界規模で広まったより大きな理由として、人の移動や交易活動による平和裡な拡大にもあった。

例えば、インド洋の島々やマレーシア、インドネシアには人の移動や商業活動の拡大に伴ってイスラームが広まっていった。いわゆる「海のシルクロード」と呼ばれる海洋交易路を通しての拡大であった。『岩波イスラーム辞典』によれば、インド洋海域世界に向けてイスラームが拡大していった歴史を概観すると、主に以下の要因が挙げられるという。

1. 自然・政治・経済の環境変化にともなって起る人の移動と社会再編の運動
2. 都市化と商業活動によるイスラーム経済圏の拡大
3. とくに12世紀半ば以後のスーフィズム（筆者注：イスラーム神秘主義）の新しい展開
4. マッカ（筆者注：メッカ）巡礼と聖者廟・聖地参拝の隆盛にともなう人の移動

最終的にインドネシアにイスラームが伝わってイスラーム化したのは13世紀以降である。スーフィー［イスラーム神秘主義者］やムスリム商人、ウラマー［イスラームの学者・宗教指導者層であり諸学を修めた学識者］といったイスラーム知識人らを外から呼び込むことでイスラームの拡大につながっていった。フィリピンのミンダナオ島およびスールー諸島などでもスペインの来航以前からイスラームが広まっていった。

以上のように、様々な方法で拡大したイスラームは、今やオーストラリア、中南米や日本にも流入することとなった。

前述したように、イスラームの教義自体は社会や地域、時代に関係なく変わることがない。しかしながら実際の歴史において、イスラームが時間と地域を超えて拡大していくと、土着の文化に影響された、顕著な地域性を伴ったイスラームが伝播されることになる。だがそれだけではない。科学技術などの発展や人権意識の向上など新たな事象に対してイスラームに則った学問的知見からの解釈が必要となってきた。その解釈はどのように行われるのであろうか。それは啓典クルアーンや預言者ムハンマドの言行録であるハディースを註釈しかつ研究していくことから始まった。

イスラームでは、礼拝の方法をはじめ、日常生活全般にわたってシャリーア［イスラーム法］によってより細かく具体的に規定されている。そのシャリーアの根本となるのが、クルアーンでありハディースである。ただしクルアーンには、礼拝方法などの具体的な実践方法が書かれていないことが多い。クルアーンには神の言葉を忠実に書くことが徹底されたためで、預言者ムハンマドによる言葉の解釈などは書かれなかった。そこで預言者ムハンマドの言行録であるハディースを調べて、彼が如何に行動したのかを知り、彼の所作を真似ることによって、信徒としての義務を果たすように努めているのである。なお、クルアーンやハディースの解釈はイスラーム法学者によって行われる。また、後述する各法学派によって微妙な解釈の違いがある。故に、本書の後の章でも関わるのだが、ムスリム同士であっても所作や事象に対する統一見解が単純に存在するとは限らない。

そこで次に、イスラームの教義の解釈に関わることとして、ハディースおよびイスラーム法学派と、実際の教義の実践について触れていこう。

ハディースの解釈について

ハディースの成立は、預言者ムハンマドの死後、彼の言動の真偽を確認できるのかが問題になったことによる。預言者と同時代に生き、彼から直接教えを受けていた弟子や教友たちがしだいに亡くなり、加えて物語師による創作なども加わることによって、預言者の言動の信憑性が揺らぐ事態となったからである。そこで預言者の伝承の識別が必要となった。

ハディースの集成書は、スンナ派の主要なものとして、主に9世紀から10世紀に編纂された以下の編者らによる、いわゆる「六書」がある。

1. ブハーリー（810年〜870年、『真正集』を編纂）
2. ムスリム・イブン・ハッジャージュ（817か821年〜875年、『真正集』を編纂）
3. イブン・マージャ（824年〜887年、『スナン』を編纂）
4. アブー・ダーウード（817年〜889年、『スナン』を編纂）
5. アブー・イーサー・ティルミズィー（825年〜892年、『スナン』を編纂）
6. ナサーイー（830年〜915年、『スナン』を編纂）

ハディースで述べられている教義のわかりやすい事例として、ムスリム女性の特徴とされるスカーフの着用を取り上げてみよう。

伝承によれば、預言者ムハンマドは薄く透ける服を着て彼の前に来た義理の妹に対し顔を背けて、女性は年頃になればここを除きどの部分も見られてはならないといわれて顔と両手を示された、とある。この伝承によれば、ムスリム女性は手の甲と顔以外は布で隠さなければならないことになる。

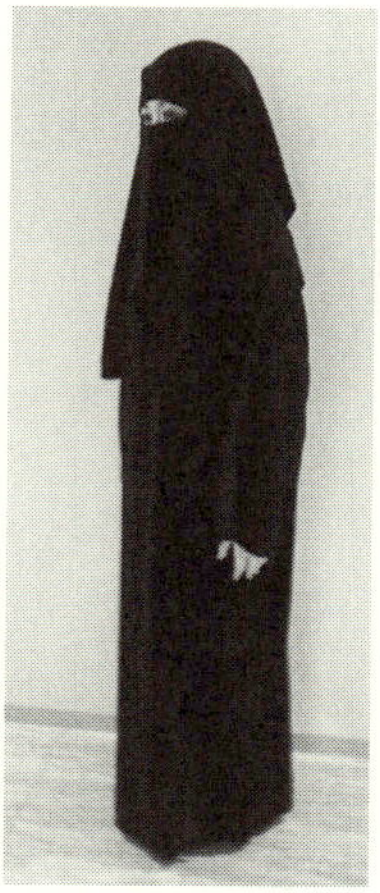
ニカーブ姿の女性
（筆者撮影）

したがって、ニカーブ（全身を布で覆い目だけ空いているもの）の着用は、ムスリム女性が着用したいという意思がある場合を除き、強制されて着用するものではないことになる。なお、クルアーンには、以下のように女性の服装についての記述がある。

信者の女たちに言ってやるがいい。かの女らの視線を低くし、貞淑を守れ。外《そと》に表われるものの外《ほか》は、かの女らの美（や飾り）を目立《めだ》たせてはならない。それからヴェイルをその胸の上に垂れなさい。

クルアーン第24章31節

シャリーア［イスラーム法］について

シャリーアは法律であるが、いわゆる憲法や民法とは異なる。シャリーアは、ムスリムの日常規範から国家の憲法や国際法的な規定まで含まれているが一方で、時代性や地域性をも反映している。近代以降イスラーム国家では、西洋の近代法が適用されていてもイスラーム法は依然として存在している。シャリーアはムスリムの日常生活の規範だからである。

そのシャリーアを理解するための「フィクフ［イスラーム法学］」が存在する。このフィクフの担い手が「ファキーフ［法学者］」である。ある法的問題について、法学者たちが見解を出して議論を行い、最終的に取りまとめて法解釈を出す。このフィクフについて、スンナ派には4つの法学派が存在する（括弧内は、法学派の主要な分布地域である）。

1．ハナフィー派（主に、中央アジア、トルコ、シリア〈ダマスカス以外〉、パキスタン、中国など）
2．マーリク派（主に、北アフリカのチュニジア、アルジェリア、モロッコといったマグリブ地方）
3．シャーフィイー派（主に、エジプト〈カイロ〉、シリア〈ダマスカス〉、東アフリカ、東南アジアなど）
4．ハンバル派（アラビア半島を中心に、どの地域も網羅している）

それぞれのイスラーム地域では、その地域で主流となる法学派の解釈に基づいたイスラームが実践されている。

またイスラームでは、義務以外に望ましいこととして「スンナ［慣行・慣習］」という推奨される言動がある。スンナは、預言者ムハンマドが日常行っていたことや、折に触れて決定を下していたことの総称である。例えば、五行にある一日5回の礼拝は義務だが、その前後に「スンナの礼拝」という義務以外に推奨される礼拝を行うムスリムもいる。預言者が義務の礼拝以外にも礼拝をしていたからである。ムスリムは預言者のこうした言動を見ならうべきものとされる。

また結婚も義務ではないが、スンナとして推奨される。『岩波イスラーム辞典』に記載されている結婚の法規定によれば、結婚は公になされた契約によるという。契約においてはまず「マフル」

と呼ばれる結婚資金を支払う必要がある。これは新郎から新婦に対して支払われるものであり、新婦個人の財産となる。また2名以上の成人を証人とし、彼らの目の前でこの契約が取り交わされる。

マフルの額は、新婦の所得の30％の額であったり、新婦の家柄や教養などに基づいて決められることもある。つまり新婦となる女性がいわゆるセレブであればあるほど高額になる。支払い方法は結婚時に全額支払う方法や、先に一部を支払い、離婚時に残りの全額を支払うという方法もある。イスラーム法学派によって法解釈が違うと前に記したように、マフルの扱いも地域や時代ごとの違いが見られるので、一概にこれだということはできない。結婚相手がどの法学派なのかを知っておく必要がある。

筆者の知る事例を紹介しよう。マフルについては結婚時にしっかりと支払おうとするムスリムもいれば、本当に愛があれば支払う必要がないとするムスリムもいる。インドネシア人およびマレーシア人ムスリムは、クルアーンをマフルとして新婦に渡すこともある。またたとえ支払ったとしても、少額に終わらせる事例もある。その一例として、第5章でも事例として記す日本人女性ムスリムGさんのケースに少し触れよう。

Gさんはムスリムがどのように結婚式を挙げているのかわからなかった。そこで知り合いの日本人女性ムスリムに相談したという。彼女からマフルという結婚時に女性が受け取る金銭があること、またムスリムと結婚する日本人女性の中にはこのマフルについて配偶者となる男性から何も知らされないばかりか、ときにはその制度の存在を隠される人もいることを聞いた。そこで、前もって配偶者となるHさん（パキスタン人）にいくらマフルを払うのか聞いてみたという。するとHさんはマフルの制度があること自体は隠すことなく認めたものの、その支払いを渋っていたという。彼女がマフルとして希望した額が高かったからだ。結婚契約をする当日、彼女の所得から算出したマフルの金額を彼女が提示した時、その場に立ち会ったパキスタン人イマーム（ムスリムの集団を束ねる指導者のこと）がその提示額に驚いていたという。

Hさんが支払うことを渋っているのを見たイマームはGさんに対して「あなたの提示する金額を彼が支払わない限り結婚できないことになるが、それでもよいのか?」とGさんを「諭した」という。さらにイマームは「マフルの金額を100円にしておきなさい」といってきたので、彼女はしぶしぶ「100円」で同意したという。こうしたケースをみると、イスラームの結婚は民事契約に近いといえる。

またこれに付随して説明すべきことがある。一夫多妻制についてである。この制度はイスラーム初期の頃に戦争で夫が死に、多くの女性が寡婦となってしまったことから、その救済措置として機能していた。しかしながら、現在では多くのイスラーム諸国において、国内法によって制限されている。なおイスラーム法では、もし夫が2人以上の妻を娶《めと》る場合、その男性は妻全員に対して均等に愛し、平等に扱わなければならないと規定されている。

誤解されるイスラームの教義

ムスリムは両親、とくに母親を大切にすること、同じムスリムを中傷してはならないことも、良識あるムスリムとしての正しい一行動と捉えている。イスラームでは、集団や社会において良識ある人間として人間関係を構築し、秩序ある社会生活を営んでいくことを求めている。だがイスラームというと、日本ではとかく悪いイメージがあることは否めない。それは、マスメディアによるニュース報道の影響ともいえるだろう。中東で行われている戦争や各イスラーム地域で見られる内紛など、これまで良い形でイスラームが報道されてきたことはあまりなかった。とりわけ、かつてのニュース報道でよくみられた「ジハード〔聖戦〕」という言葉は、日本人の誤解を招いているといえよう。

そもそもジハード（جهاد）は、アラビア語の語根「ジャハダ（جهد）」の第三形動詞の動名詞であり、「努力」という意味である。ムスリムには、イスラームの教義の実践における努力も求められているが、ウンマ［イスラーム共同体］を防衛し、戦うこともまた求められている。それ故、アラブやアフリカなどイスラーム圏において近代以降、西欧諸国による植民地化が進んでからは、ウンマを守るためにジハードという名のもとで戦いが行われるようになったのである。ウンマを守るため

ただし、ジハードは「大ジハード」と「小ジハード」に分けることができる。

のジハードは「小ジハード」である。ウンマが傷つけられた時に、そのメンバーを守るために行うとされる。ＩＳ（イスラム国）は戦闘においてしきりに欧米に対するジハードであることをスローガンに盛り込んでいた。そうすれば、ウンマを防衛するために人が集まってくる大義名分になるからである。ジハードに身を投じて死去した者には、殉教者として楽園が保証されていることは、クルアーンにも記載されている。ちなみに、クルアーンの中でジハード（日本ムスリム協会訳出のクルアーンでは、「奮闘努力」あるいは「奮闘」と訳されている）という言葉を含む章句は第２章２１８節や第３章１４２節などがある。また、戦いに関して記されている章句は、第２章１９０～１９４節、第８章１～19節や第９章５節などがある。

だが本来のジハードは、決して武器を手にした残忍な戦いを奨励するものではなく、自分の信仰を深めるための個人の内面における闘いが重視される。これが「大ジハード」である。例えば、ムスリムが結婚し家族を育むことはイスラームで奨励されている。したがって結婚もさることながら、結婚後に家族を養うために真面目に働くこともまたジハードになる。また自分の言動が相手を傷つけることにつながるのなら、それをあえてしないこともまたジハードとなるのである。

イスラームが誤解を招きやすいのは、事細かい宗教教義にも理由がある。だが、イスラームでは信徒に柔軟な姿勢を持つことも求めている。実際の日常生活において、教えの通りできない時のやり方もある。例えば、就業中や外出などで時間内に礼拝ができない場合、できるようになった時にまとめて行う「カダー」の礼拝がそれに当たる。自宅から１００ｋｍ以上離れて旅する場合は、

「サファル」という旅行時の礼拝があり、1日3回に短縮して行うことができる。
ムスリムとして良識ある行動を取ろうとして努力している者の中には、こうしたできない時のやり方を知っていたとしても、通常通りの実践方法を実行する者もいる。イスラームの教義の実践は、柔軟であるが、教義そのものは変えることができない。ただ日本社会が知っておかねばならないのは、こうした寛容な実践方法もまた存在するということである。

以上、イスラームとは何か、その成立の歴史と教義について述べた。イスラームは地域や時間を超えて一貫性の強い宗教である。それは非イスラーム地域となる日本においても同様で、日本国内のムスリムたちもまたイスラームの教義通りに宗教実践をする。たとえムスリムたちを取り巻く社会がイスラームに対して厳しい態度を示したとしても、イスラームという宗教で決められていることだからこそ、ムスリムは信仰に従って日々信徒として行動している。故に、彼らの信仰心を踏みにじってまで我々が「郷に入っては郷に従え」というのであれば、ムスリムとの友好関係が成立しないことになる。だからこそ、ムスリムと関わる人々はイスラームとは何か、その教義は何なのかを知ることがまず必要となる。そして過去の日本で、非ムスリムの日本人が積極的にイスラームを知ろうとしていた時期があった。では、過去の時代において、イスラームは日本とどのように出会い、日本に広まっていったのか。次章では日本におけるイスラームの歴史について述べていこう。

第2章　日本におけるイスラームの歴史

歴史区分

日本におけるイスラームの歴史はいつから始まったのだろうか。外交の場での偶然の出会いも含めるのならば、700年代まで遡ることができる。ただし、一般の日本人にイスラームが知られる、あるいは日本人のムスリムが誕生したとなると、明治時代まで待たねばならない。始まりは1890年、オスマン帝国の軍艦エルトゥールル号が和歌山県沖で暴風雨のために座礁・沈没した事件である。この章では、日本におけるイスラームの歴史を拙著『日本とイスラームが出会うとき―その歴史と可能性―』にしたがって、以下のように5区分に分けて簡潔に説明する。

Ⅰ．1890年から1945年（終戦）まで
Ⅱ．1945年（終戦後）～1974年頃まで
Ⅲ．1975年頃～1980年代前半まで

Ⅳ．１９８０年代後半～１９９０年代（バブル期）まで
Ⅴ．１９９０年代（バブル崩壊後）～２０１８年（現在）まで

Ⅰ．１８９０年から１９４５年（終戦）まで

エルトゥールル号遭難事件と最初の日本人ムスリム

日本とイスラームを最初に結びつけたのは、オスマン帝国の軍艦エルトゥールル号の座礁事件であった。この船の航海の目的は士官候補生を乗せた練習航海であったと同時に、１８８７年の小松宮彰仁親王のイスタンブール訪問に対する返礼としての表敬訪問でもあった。

この軍艦が遭難したのは、明治天皇に拝謁した後のことであった。１８９０年9月、和歌山県樫野崎沖を航行中に嵐に遭い座礁して沈没した。遭難現場に近い大島村樫野地区（現在の和歌山県串本町）の村民たちによる救護活動の結果、約６００名の乗組員のうち、69名の生存者を救助した。

この遭難事件後、民間団体や企業、また個人でも義捐金を募る動きがあった。この活動で多額の募金を集めたのは、１８８２年に福澤諭吉が創設した時事新報社であった。だが当時は募金を銀行経由で送金する手段がなかったため、トルコに渡って直接手渡しすることになった。時事新報社では、野田正太郎（１８６８年～１９０４年）という当時まだ20代の若者を派遣員に選んだ。

１８９０年10月、明治政府は生存者を軍艦「比叡《ひえい》」と「金剛」の2隻に乗せてトルコに送還した。野田は軍艦「比叡」に乗り込んだ。一行は翌年の１８９１年1月にイスタンブールに到着した。

生存者の引き渡し後、当時の皇帝アブデュルハミト2世は厚く感謝を述べるとともに青年士官たちに日本語を習わせたいので、日本人士官を一人残しておいて欲しいと要望した。だが士官を本国の許可なくトルコに残すこともできないために、新聞記者でも構わなければと野田が残ることになった。野田は１８９１年5月、トルコ滞在中にイスラームに改宗した。これが「最初の日本人ムスリム」の誕生となったのである。

野田は１８９３年に日本に帰国した。その後、彼はムスリムらしき言動をすることはなかった。野田は帰国後、時事新報社に復帰したがすぐに退職し、その後に花街での豪遊をくり返し、詐欺事件を何度も起こしている。彼は１９０４年4月に死亡したと伝えられている。

日露戦争と亡命タタール人

１９０４年、朝鮮半島と満洲の支配を巡ってロシアと日本との間で日露戦争が勃発した。この戦争において、山岡光太郎（１８８０年～１９５９年）や田中逸平といった、後にムスリムになる日本人たちがロシア語や中国語などの語学の才能を生かして通訳官として従軍した。

またこの戦争によって、日本は中国大陸進出の足掛かりを得て、満洲や中国西北部地域が研究されるようになった。1907年には南満洲鉄道株式会社調査部（以下、「満鉄調査部」と記す）が設立され、農作物や資源、民族や習俗などの地域調査が行われた。

さらに、外国人ムスリム、とりわけ亡命タタール人などのいわゆるテュルク（トルコ）系ムスリムが日本に招聘《しょうへい》された。日本は彼らからイスラームを学んでいった。『岩波イスラーム辞典』によれば、タタール人は10世紀以降にイスラーム化したヴォルガ川中流域、現在のタタールスタン共和国を中心にロシア連邦と中央アジア各地に住んでいるテュルク系民族である。カザン・タタール、クリミア・タタール、アストラハン・タタール、シベリア・タタールの4つの独自の民族的特徴を持つ集団に分けることができる。なお、タタール人については第4章にて詳述する。

一方で、日本政府から各国に派遣された官吏や軍人、貿易商人なども貴重な情報源となった。メッカ巡礼も各国事情を把握する上で好都合な手段となり、口実にもなった。当時のメッカ巡礼は、その途上の中国やインドなど各国地域の状況を把握することができたからである。例えば、日本人で最初にメッカを巡礼したのは日露戦争に従軍した山岡光太郎である（山岡については、第3章にて詳述する）。彼はインドのムンバイにてイスラームに改宗した。またこのムンバイで、後に東京モスクのイマームとなるタタール人のアブデュルレシト・イブラヒム（1857年～1944年）と合流して彼とともにメッカを巡礼している。なお、山岡の巡礼後に田中逸平が2度、続いて細川将や鈴木剛ら複数名の日本人ムスリムがメッカに巡礼している。

日本国内におけるモスクの開設

戦前の日本におけるイスラームの歴史で大きな変化が見られる時期は、１９３０年代に入ってモスクが日本国内に建設されてからだ。

現存するモスクで最古のものは１９３５年９月に開設した神戸モスクである。神戸は外国人居留地として幕末の開港以来、貿易商などの外国人が居住していた。もちろん、ムスリムもインド人ムスリムとタタール人などが多く滞在していたという。

神戸モスク（筆者撮影）

神戸モスクはインド人ムスリムらの寄付によって建設された。またモスクの開堂式には、日本人ムスリム代表としてインドでムスリムになった有賀文八郎も参列した。

一方、東京にもモスクが建設された。東京でのモスク建設には、多くの非ムスリムの日本人がかかわっている。だが、本来モスクの建設はムスリムからの資金によって行われる必要があ

1938年開堂式時の東京モスク（提供：東京ジャーミイ）

る。つまり、非ムスリムの寄付によっては建設できないのだ。では如何なる方法で建設できたのであろうか。そこでムハンマド・ガブドゥルハイ・クルバンガリー（以下、「クルバンガリー」と記す。〈1889年〜1972年〉）という外国人ムスリムが登場する。彼は、ウラル地方南西部の民族で、13〜15世紀にイスラーム化したバシュキール（バシュコルト）人であった。彼はソ連からのバシュキール独立運動に参加していたが、そのことが彼の来日の一要因となった。なお彼については第4章で詳述する。

クルバンガリーは政治力のある人間で、東京にモスクを建設するために政財界に働きかけた。右翼団体玄洋社の総帥であった頭山満など、人脈を利用し当時の有力者を説得して寄付を集めた。例えば、日本人ムスリムの小村不二男が記した『日本イスラーム史』によれば、山下汽船社長の山下亀三郎が、個人所有していた渋谷区大山町の空地500坪をモスク建設用地に寄付することを申し出たという。またそれ以外にも、三菱銀行頭取瀬下清が2万円を寄付し、その後三井・三菱・住友から合わせて十数万円の献金があったと同書では記されている（小村不二男1988）。また、日本人ムスリムの森本武夫によれば、政財界からの寄付金額は合計にして12万円で、現在の価値でいえば約2億4000万円という額であったという（森本1980）。だが先述したように、モスクは非ムスリムからの寄付で建設することはできない。森本武夫によれば、集められた寄付金は一旦クルバンガリーが貰い受けたことにして、その後ムスリムである彼からの寄付としてモスク建設資金に充てることになった（森本1980）。

こうして現在の東京・渋谷区大山町にて1937年に東京モスクの建設が始まり、翌年の1938年に開堂式が行われた。開堂式には、先述の頭山満ら右翼団体関係者や、陸軍大将川島義之、海軍大将山本英輔ら軍部関係者も出席した。また、アラブ側からはイエメン国王の代理として、第3王子アミール・サイフ・ル＝イスラーム・アル＝フセインと、その随行者である国務大臣他2名、駐日エジプト公使などの賓客が大勢招かれた。またこの時東京モスクのイマームに就任したのは、先述したように、山岡光太郎のメッカ巡礼に同行したタタール人のアブデュルレシト・イブラヒムであった。

なお、前ページ掲出の東京モスク開堂式時の写真には、アラビア語で「日本の首都東京に最初のモスクが建設され、その序幕式が最近終わった。ムスリムたちは、ヒジュラ暦（筆者注：イスラーム暦のこと）1357年（筆者注：西暦1938年〜1939年）のアラブの預言者の誕生日（筆者注：預言者ムハンマドの生誕祭に当たる日で、ヒジュラ暦3月12日となる。なお1938年のこの日は、西暦では5月12日であった）に開堂式に参列し、盛大に祝った」と述べられている。

回教［イスラーム］政策

１９３０年代後半、とりわけ日中関係が悪化した１９３７年以降は、日本国内でも国策として本腰を入れてイスラームを研究するようになり、かつ広める活動が活発化した時期となった。当初日本政府はそれほどイスラームを重視していなかった。しかし日中関係の悪化によって、満洲における日本の植民地政策を完遂するためには、イスラームを知って政策に取り入れる必要が生じた。そのことが、ようやく政府の理解するところとなったのだ。日本国内でもイスラームの宣伝宣撫活動が行われるようになった。例えば、１９３８年には外務省調査部による『回教事情』が１９４１年まで刊行された。また１９３９年11月に東京・上野の松坂屋、同年12月には大阪・日本橋の松坂屋で「回教圏展覧会」が開催された。この展覧会はクルバンガリーが設立したイスラーム団体である東京回教団と、１９３８年に設立された軍主導の政治色の強い団体であった大日本回教協会と開催された。

また１９４１年以降になると、東南アジア諸地域の日本軍占領地におけるイスラーム政策が重視されるようになった。東南アジア、とりわけムスリムが住民の多数を占めるインドネシア・ジャワに対する日本の植民地化政策は、当時インドネシアを植民地にしていたオランダの影響を拭い去り、現地のムスリムを反西欧思想によって日本軍に協力させる意図もあった。日本軍部は、現地の宗教政策が占領地住民の民心把握にとって極めて重要であると認識して、日本人をムスリムにして情報収集および政治工作にあたらせた。

Ⅱ．１９４５年（終戦後）～１９７４年頃まで

日本人ムスリムによるイスラーム団体の設立

終戦後の状況は戦前と比べて大きく変化した。東京モスクの開設や回教展覧会の開催などにみられたように、日本国内のムスリムたちを支援するイスラームの普及活動が積極的に行われてきた。だがそれも、回教政策を財政的に支援していた日本政府や軍部そして右翼団体などの解散により、日本人ムスリムや外国人ムスリムは自らの力で布教活動をしなければならなくなった。

戦前から滞日外国人ムスリムや軍の高官らとともにイスラーム政策のために活躍していた人々を加えて、ムスリムになった者の中から戦後日本国内にイスラーム団体を創設し、イスラームの布教活動を行おうとする動きが出てきた。その結果、発足した団体が「イスラーム友の会」である。この会は１９５２年に日本人ムスリムで組織された任意団体で、その後「日本ムスリム協会」に名を改め、戦後最初に創設されたイスラーム団体となった。なお、同団体は後述するイスラーム霊園の開設をきっかけとして１９６８年に宗教法人として認可された。

1950年代から1970年代前半にかけては、この協会を中心に日本のイスラームの基礎が築かれた。例えば、日本ムスリム協会の初代会長である今泉義雄が積極的にイスラームを日本に広める活動を行った。当時の在日エジプト大使館の文化担当参事官が、今泉のイスラーム文化事業に協力した。その結果、戦後初めてエジプトのアズハル大学へ日本人留学生を送ることができるようになった。

外国人ムスリムとの協働

日本ムスリム協会は日本人ムスリムたちによって運営されていた。運営に関わっていた日本人ムスリムたちは改宗者であったために、生まれながらのムスリム、とくにイスラーム知識人からイスラームについての正しい知識を得る必要があった。

先述したように日本国内には戦前からタタール人がいたが、その多くは無国籍であった。タタール人はテュルク（トルコ）系民族であったことから、戦後トルコ政府は彼らにトルコ国籍を与えた。その後、彼らの多くはトルコ共和国やアメリカ合衆国などの他国に移住していった。イスラーム知識人に関していえば、東京モスクのイマームであったイブラヒムは戦時中に日本で死去し、クルバンガリーは東京モスクが開設される直前に逮捕され、日本から追放されていた（第4章で逮捕理由などを後述）。そこで当時、留学生として日本に滞在していた外国人ムスリムたちが日本ムスリム協会の活動に参加するようになっていった。当時の留学生は後に母国で政府高官となったり大学などでの研究に従事したりする者が多かった。彼らの中には、イスラーム諸国の布教団体と関係を持つ者もおり、後に日本のイスラーム団体が、こうした海外の団体から寄付を受け取るための交渉役ともなった。

1956年には、パキスタンからタブリーギー・ジャマーアト（以下、「タブリーグ」と記す）と呼ばれるイスラーム団体のメンバーが布教活動のために初来日した。この布教集団はパキスタン人ムスリムを中心として組織されていた。

山梨県甲州市の塩山イスラーム霊園からの風景（筆者撮影）

タブリーグの一行は、日本人ムスリムとともにイスラームの布教のために、北海道から九州まで日本全国あらゆる所に行った。彼らはその後毎年のように布教活動のために来日するようになった。このタブリーグの来日、および彼らと日本人ムスリムとの交流をきっかけとして、日本で最初のイスラーム霊園が開設されている。霊園の開設以前、山梨県在住の名士によって来日中のタブリーグを囲んで国際交流会が開かれた。現在の山梨県甲州市塩山に文殊院という寺院があり、その当時の住職がこの国際交流会に参加していた。その後住職は日本国内にはムスリム用墓地がないことを知って、イスラーム霊園の開設に尽力したのであった。イスラーム霊園は1961年に造営が計画されて、その後少しずつ整備されていった。日本ムスリム協会編集の創立50周年記念『協会小史』によれば、2000年に霊園拡張工事が完了し、最終的に、ムスリム用墓地として4863平方メートル（1471坪）の霊園が造営されている。

またこの時期には、外国人ムスリムが主体となった組織も誕生している。1961年には留学生を中心にした「ムスリム学生協会」が設立された。また1968年には、これまで日本ムスリム協会の活動に参加していた一部の滞日外国人ムスリムによって、「イスラミックセンター・ジャパン」が設立された。この団体は1975年に団体の組織が再編されて宗教団体として登記された。

以上のように、日本人ムスリムは外国人ムスリムのイスラームの知識と彼らの活動に頼った。一方で、日本人ムスリムによるイスラームを広めようとする動きも見られた。それが、日本人ムスリムによるクルアーンの翻訳活動である。

日本人ムスリムによる最初のクルアーンの翻訳

これまでクルアーンの日本語訳がなかったわけではない。日本人によるクルアーンの翻訳は大川周明や井筒俊彦などイスラーム研究者たちによる翻訳が知られていた。だが、日本人ムスリムによる翻訳は存在しなかった。日本人ムスリムの手でクルアーンを翻訳しようとする試みは1950年代にすでにみられた。その中心となったのが三田了一である。本格的に訳出作業が開始されたのは彼がパキスタンに渡った1962年以降のことである。

三田は戦前に満鉄調査部の職員として中国に渡り、北京に居住していた1941年にムスリムとなった人物である。終戦以降は、日本で積極的に布教活動を行い、当時の日本人改宗者に多大なる影響を及ぼした。

クルアーンの翻訳のきっかけとなったのは、先述したタブリーグの布教活動に三田が同行したことにあった。タブリーグは秋から冬にかけて来日し、その度に三田は彼らに同行した。1957年には、三田は1年ほどの留学のためにタブリーグに加わってパキスタンへ渡った。また1958年にはパキスタン人グループに加わりメッカ巡礼を行った。

1962年、三田はパキスタンのラホールに滞在し、本格的な翻訳作業を開始した。その後サウジアラビアのメッカにある「イスラーム世界連盟」(通称名「ラービタ」。以下、ラービタと記す)が三田のパキスタン滞在を知り、彼をメッカに招待した。このメッカ滞在中に三田はクルアーンの翻訳を完成させた。

その後三田はラービタと資金援助の交渉をして、彼らから印刷着手の許可を得ることができた。こうして1972年に、三田は『日亜対訳・注解　聖クラーン』を刊行した。

海外に出る日本人とイスラームとの出会い

戦後の高度経済成長に伴い、多くの日本企業が市場開拓のために海外に進出していくようになった。イスラーム諸国で働く日本人は、文化習慣としてイスラームに触れていった。また彼らを通じて現地の情報が日本にも少しずつ入ってくるようになった。ただ日本社会がイスラームに注目するようになったのは、1973年に起きた石油ショックからであった。この事件からニュース報道などで中東地域の情報が伝えられると、イスラーム地域の政治経済そして文化について、多くの日本人に注目されるようになった。

例えば、1973年発行の日本ムスリム協会の会報誌（『日本ムスリム協会会報』19号）では、イスラーム諸国に進出した日本企業や駐在する日本人のイスラーム理解に関する当時の状況が掲載されている。記事によると、日本のイスラーム理解がまだこれからの段階であることがわかる。書籍でもビジネス書を中心に、イスラームという宗教文化について紹介されるようになっていった。だが当時は、「コーランか剣か」という、誤解を招くような文言を引用する雑誌や書籍が多く目立っていたのは否めない。

Ⅲ．1975年頃～1980年代前半まで

終戦以降、日本のイスラームはわずかではあるが広がっていった。また日本国内のムスリムについては、ほぼ存在感がなかったといえる。それでも、確実にその人口は増えていった。例えば、日本人ムスリムで、日本ムスリム協会の第3代会長であった斎藤積平によれば、1979年頃の日本のムスリム人口は公称3万人程度まで達するようになったという（『朝日新聞』1979年6月8日付「私のイスラム　下：日本人　誤解を乗り超え三万人の信者」）。

日本国内では、日本ムスリム協会やイスラミックセンター・ジャパンといったイスラーム団体が中心となって布教活動が続けられていたが、「日本イスラム教団」などの新たな日本人改宗者によるイスラーム団体も現われた（筆者注：日本的イスラームを広めようとした現存していない団体である。詳細は拙著『日本とイスラームが出会うとき』で論じている）。また、地方でも少しずつモスクやイスラーム団体が設立されていくようになった。さらには様々な国や地域からムスリムが日本にやってくるようになった。イスラミックセンター・ジャパンが協会誌として当時発行していた『アッサラーム』には、巻末に日本のイスラーム団体が紹介されており、例えば、「在日インドネシア人ムスリム協会」のような、国名を名称に冠する団体が出てきたことがわかる。こうした団体は単にムスリムというだけでなく、特定の国や民族で組織を構成し、活動が行われていったことを示している。さらには日本全国に増えつつあるモスクやイスラーム団体を統括する団体も設立された。「日本イスラーム団体協議会」は、先述の斎藤積平によって創設された組織である。日本各地に設

立されたイスラーム団体を統括しており、ムスリム・コミュニティ全体に関わる問題があれば、共同声明を出すこともあった。

このように、微少ながらも日本国内のムスリム人口は増加し、イスラーム団体が作られていった。だがこの緩慢な状況も、就労目的で来日した外国人ムスリム人口の増加によって新たな時代を迎えることとなる。

Ⅳ．１９８０年代後半～１９９０年代（バブル期）まで

外国人労働者大量流入時代へ

１９８０年代後半から日本は好景気状態、いわゆるバブル経済に入った。当時、日本は人手不足に陥っていた。特に工場などの重労働や道路工事といった、若い世代の日本人たちが嫌厭する、いわゆる３Ｋ（きつい、きたない、きけん）と呼ばれる業種や、低賃金で雇用せざるを得ない中小企業および小規模経営の職場では人手がなかなか集まらなかった。そこで着目されたのが外国人労働者であった。当時観光目的などの短期滞在査証（査証とはビザのこと。以下、「ビザ」と記す）を使って、あるいはまた、ビザが相互に免除されている国々から多くの外国人が就労目的で来日した。イスラーム圏からも多くのムスリム男性が就労のために来日した。特に、当時日本と相互にビザの

免除協定があったイラン、パキスタン、バングラデシュからの人びとが多かった。ただ彼らは就労目的であるため、そのまま日本に超過滞在するケース、出入国管理及び難民認定法（以下、「入管法」と記す）に抵触する人びとが増加した。いわゆる外国人労働者問題にまで発展したのだった。

例えば、あるパキスタン人男性（２００７年のインタビュー当時30代後半。現在日本人女性と結婚して日本で生活している）を挙げてみよう。彼の兄が過去日本に9カ月ほど滞在して働いたという。その兄がパキスタンに帰国後、日本で得た給与を元にして事業を起こした。その結果、店舗を幾つか構えるほどに成功したという。そこで、この男性は兄にあやかって自分も成功したいと思い、来日したと述べている。

このような就労目的の滞日外国人が増加する中で、日本政府はその数を減少させるため、パキスタンおよびバングラデシュに対しては１９８９年1月15日以降、イランに対しては１９９２年4月15日以降、ビザの免除措置を一時停止した。マレーシアに対しては、これまでに一定の要件の下に、継続して3カ月を超えない短期滞在についてビザなし渡航が可能であった。ところが、１９９３年から短期滞在者に対して事前にビザを取得することを勧奨するようになった。これらの措置により、ビザの免除措置を一時停止あるいはビザ取得の勧奨を施行した翌年には、各国からの日本への入国者数が激減することとなった（図表1）。

だが日本国内の慢性的な人手不足という根本的な問題は解消されていない。地方を中心とした農業や漁業などの第1次産業や工場や土木作業現場などの重労働や危険な作業を伴う業種では、依然として慢性的な人手不足であった。合法ビザを所有する日系人を雇ったり、あるいは外国人研修制度を利用して外国人を雇用し始めた。この制度によって東アジアならびに東南アジアの外国人を中心として合法的に日本に入国し、滞日する外国人もまた増加していった。図表1によれば、マレーシアやインドネシアは落ち込んだ時期が何度かあるものの継続して増加傾向にある。また図表1および2によれば、2012年を過ぎた辺りからマレーシア人およびインドネシア人の正規入国者数が急増する。これは技能実習生や留学生のみならず、観光客などの短期滞在者数も含んでいるためである。両国の経済が良好で、社会が発展している証拠だ。またビザなどの制度面からいえば、マレーシアは、2013年7月から実質的に短期滞在者に対してのビザ免除措置が再開されるようになったこと、またインドネシアは、第5章で詳述するが、2008年からEPA（経済連携協定）による看護師・介護福祉士候補生の受け入れが開始されたことも一要因となった。なお、イランやパキスタン、バングラデシュについては、2019年時点でもビザ免除措置を一時停止している。

礼拝施設の問題

就労目的で滞日する外国人ムスリムが増加すると何が問題となるのだろうか。もちろんビザの問題はある。だが宗教面で最も顕著な問題となったのが、集団礼拝の場の確保であった。当時就労目的で長期に亘って滞日していた外国人ムスリムの大半が男性であった。第1章で述べたように、成

図表1　正規入国外国人数（1985年〜2012年）

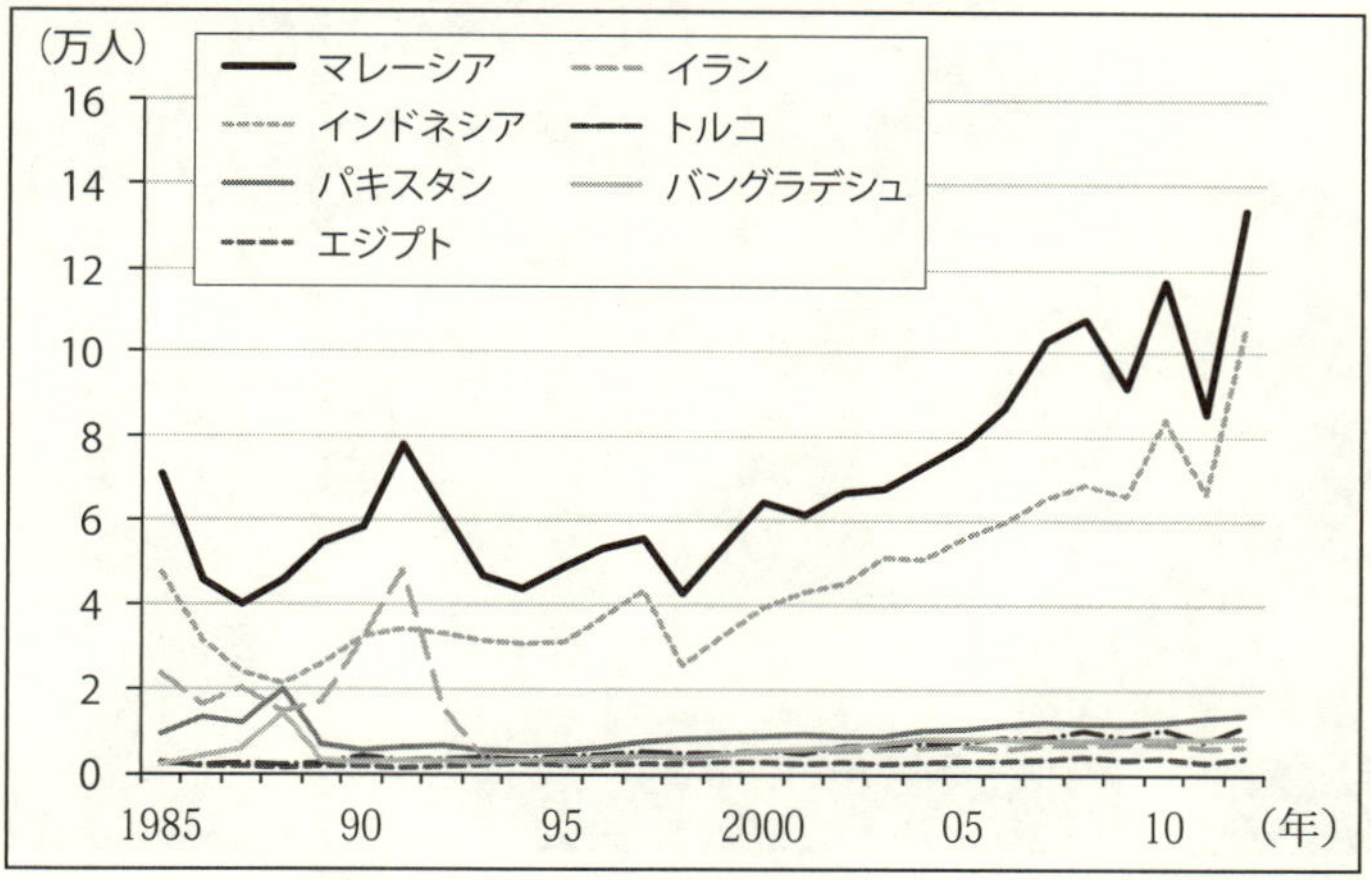

出典：法務省大臣官房司法法制部の出入国管理統計ホームページのデータより、筆者作成。

図表2　正規入国外国人数（2012年〜2017年）

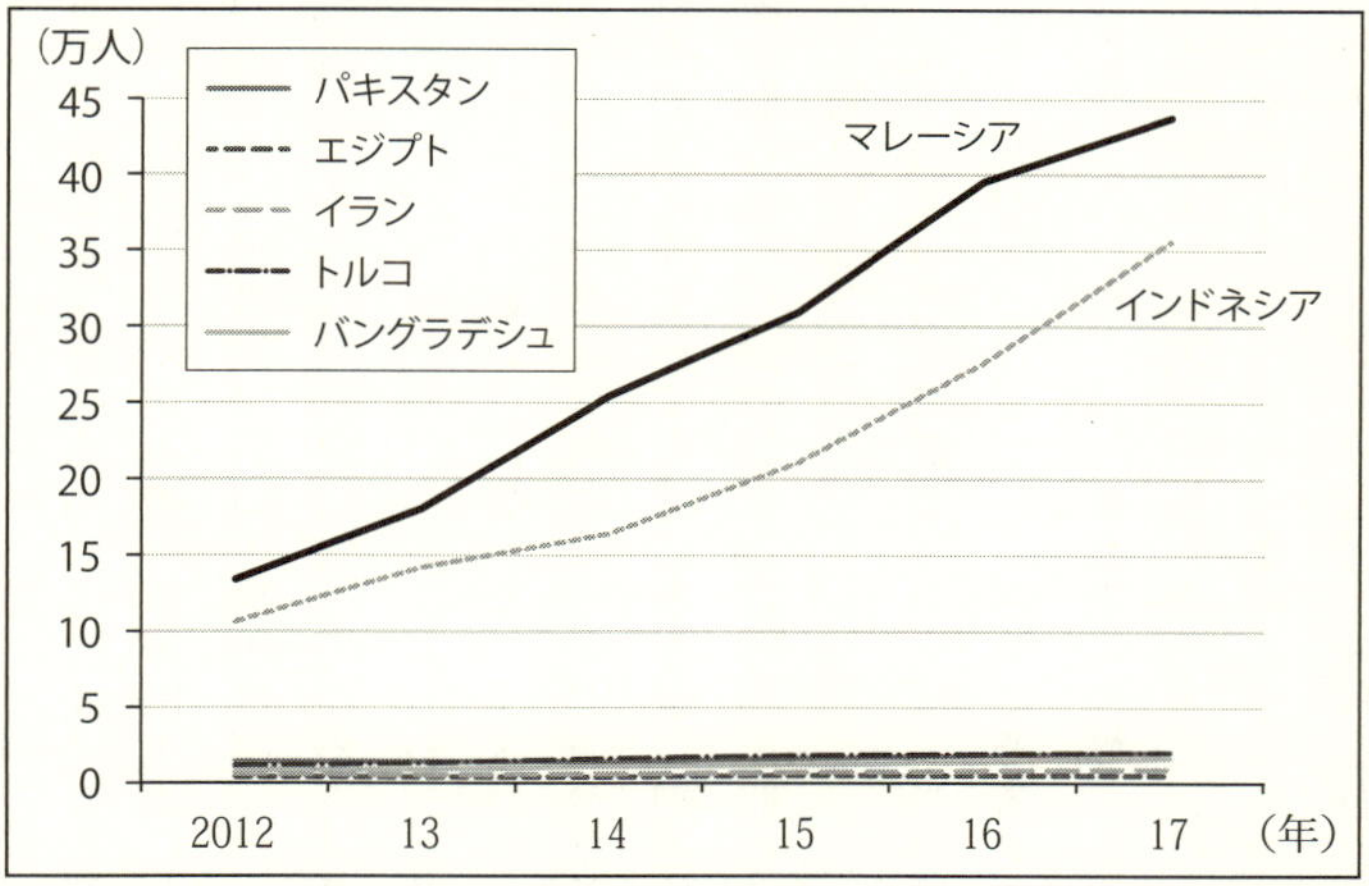

出典：法務省大臣官房司法法制部の出入国管理統計ホームページのデータより、筆者作成。

東京都中央区晴海の国際見本市会場にて、「イード・アル＝アドハー［犠牲祭］」でメッカの方角に一斉に礼拝するムスリムたち。撮影日：1992年6月11日

人のムスリム男性は金曜昼間に行われる集団礼拝への参加が義務となる。したがって、職場や近所で集団礼拝できる場所を確保することが求められた。勤務先である工場の片隅を借りるケース、あるいは会社を経営しているムスリムの事務所や倉庫を金曜日のみ簡易礼拝室とするケースも見られるようになった。イスラミックセンター・ジャパンや東京モスクといった既存の場所でも礼拝することはできるが、勤務地や居住地から遠く、金曜日ごとに休みを取ることはそう簡単ではなかった。

礼拝施設の問題に関していえば、当時は滞日ムスリムの数に対して、圧倒的にモスクの数が少なかった。例えば、断食明けや犠牲祭のようなイスラームの大祭の礼拝を行う時には、満員のため礼拝室に入りきらないこともあった。そのために、2、3回に分けて礼拝を行うこともあったという。

こうした状況の中、追い打ちをかけるかのように、東京モスクが老朽化のため1984年に閉鎖されて使用できなくなり、1986年には完全に取り壊された。

東京モスクは毎週の金曜礼拝および断食明けの祭り「イード・アル＝フィトル」のような大祭の礼拝時には、多くのムスリムたちが参集して集団礼拝を行っていた施設であった。だが使用できなくなったので、金曜礼拝については、現在東京・元麻布にある「アラブ イスラーム学院」という1982年に設立されたサウジアラビアのイマーム・ムハンマド・イブン・サウード・イスラーム大学の分校が、一時的に礼拝施設として開放されることになった。しかしそれでも間に合わなかった。イードの参加者が5千人以上に膨れ上がったからである。そこで、都内ホテルの大宴会場や代々木公園のような大きな公園で大祭の礼拝を行うようになった。だがこれもその場凌《しの》ぎの対策でしかなく、最終的に当時東京・晴海にあった東京国際見本市会場を借りて行われるようになった。日本ムスリム協会の会報誌『アル・イスラーム』によれば、1992年の断食明けのイードの礼拝は、4月5日に晴海・東京国際見本市会場に約5000人を集めて、2回に分けて行われたと記されている。モスクが慢性的に不足していた状況はしばらく続いた。だが、集団礼拝の度に起きることの状況も次の時期には解消することとなる。

Ⅴ．1990年代（バブル崩壊後）～2018年（現在）まで

外国人ムスリムとの結婚による日本人改宗者の増加

就労目的の外国人はバブル崩壊以降も依然として来日していた。観光ビザなどの短期滞在ビザで来日できるからである。先述したように、彼らはビザの期限が切れても日本に滞在して働いていた。このような外国人の中には、日本人と出会い結婚するケースも増え始めていた。そうした中、配偶者が不法滞在という法に抵触している人々で、強制送還の対象者となるケースが多く見られた。それ故に、配偶者の滞日において法的な問題に直面した。彼らは、法務省入国管理局（2019年4月1日から「法務省出入国在留管理庁」に名称変更された。以下、「入管」と記す）に配偶者の不法滞在に関する処罰を撤回するよう求めるようになった。その結果、不法滞在者であっても、結婚のための書類が整っていれば在留特別許可を取得することができ、一時的に滞在が認められるようになった。最終的に超過滞在者は「日本人の配偶者等」という在留資格、いわゆる配偶者ビザを取得して長期に亘って日本に滞在することができるようになったのである。

外国人ムスリムの場合も同様であった。先述したように、彼らの大半が就労目的で来日した男性であるため、配偶者は大方日本人の女性となる。だが、彼らの場合イスラームという宗教が日常生活に関わってくるため、他の外国人労働者とは若干異なる状況が見られた。外国人ムスリムたちは

日本人を啓典の民と考えてはいない。先述したように、ムスリムは啓典の民と結婚できるが、それ以外の宗教の信徒と結婚できない。それ故、多くの日本人女性がイスラームに改宗することになり、結果として日本人改宗ムスリムの増加をもたらすこととなった。

後の章でも詳述するが、筆者は1995年から1996年にかけて滞日外国人ムスリム（主にパキスタン人ムスリム）に対して、日常生活におけるイスラームの教義の実践について研究調査を行った。その当時は、外国人ムスリムの多くが20代から30代の男性で日本人女性との結婚を望んでいた。彼らの中には本国の女性との結婚を希望していたものの、マフルを支払えない理由から、日本人女性との結婚を望む者もいた。日本人と結婚した場合は、配偶者ビザを取得し、合法的に長期に亘って滞日できるので、不法滞在という現実的な問題を解消することもできる。彼らの中には、何とかして日本人女性と出会って結婚する機会を得ようとしていた者も少なくなかった。その一例を挙げよう。当時イスラミックセンター・ジャパンが発行していた団体誌『アッサラーム』の1992年発行の53号によると、イスラミックセンターに結婚に関する問い合わせが増加しており、その多くが結婚相手の紹介を求めるものであったという。なお記事には、「センターは結婚紹介所ではありません」と断りを入れる文面が掲載されている。

外国人ムスリムの長期に亘る滞日と彼らとの結婚による日本人改宗者の増加は、日本の地域社会にイスラームという宗教文化をもたらした。

またそれだけでなく、地域社会にイスラーム的な環境を整備することへと発展していった。ではどのように整っていったのか。

礼拝施設の増加

先述したように、イスラームの教義では男性ムスリムは金曜礼拝に行くことが義務となっている。そこで問題となったのは、集団礼拝の場の確保であった。彼らの勤務先となる作業場や事務所あるいは工場の一角などに礼拝の場が設けられることもあった。

日本国内の礼拝施設は1990年代後半から急速にその数を増やしている。なぜだろうか。それは、この時期外国人ムスリムが日本人と結婚し、日本社会における身分の保証と安定した収入を得ることが可能になったことが挙げられる。日本で安定した生活を送るようになった外国人ムスリムの中には、主に中古車業で財をなす者があらわれた。このような裕福なムスリムたちの登場によって、モスクが建設されるようになった。例えば、埼玉県春日部市に1991年中古ビルを買い取って「一ノ割モスク」が開設された。また1995年には群馬県伊勢崎市に「伊勢崎モスク」が建設された。伊勢崎モスクは、開設当初空き地にプレハブ小屋を建てた簡易な施設だったが、2005年にドームおよび尖塔がついたモスクとして再建された。礼拝施設は、当初工場などが隣接する地域に建てられた。その後、中古車業に従事するムスリムが多くなることによって港湾地域や沿岸部の地方都市に、さらにその後ムスリム留学生の増加によって大学周辺地域に開設されるようになっ

礼拝の時間に合わせて、埼玉県春日部市の「一ノ割モスク」を訪れるムスリムたち。
撮影日：1994年10月21日

た。

中古車業を営むムスリムたちが増えたことによるモスクの開設例として、名古屋港マスジドや新潟モスク（マダニ＝マスジド）を挙げることができる。またムスリム留学生が増えたことによるモスク開設例として、岐阜モスクや福岡マスジドを挙げることができる。岐阜モスクは２００８年７月にオープンした。近くの岐阜大学に通うムスリム留学生が利用するために建てられた。福岡マスジドは２００９年４月、九州大学に通う留学生を中心にしてムスリムたちが資金を出し合った結果、開設された。

こうしたモスクやイスラーム団体は集団礼拝をするためだけではなく、地域のムスリムたちがイスラームを学ぶ場であり、友人を作る場としても機能している。また外国人ムスリムと交際しているか、もしくは既に結婚した日本人女性たちも、イスラームを理解するために、こうしたモスクやイスラーム団体が主催するイスラーム講座に通っている。さらにお互いの悩みを共有する場として、加えて町内会活動などを通して地域社会とのコミュニケーションを図ることによって地域の異文化交流の場としての役割も担っている。

外国人労働者から研修生・留学生の時代へ

不法滞在の外国人労働者への対策として、法務省は不法滞在者を雇用する企業に対して罰則規定を強化してきた。ただ中小企業が引き続き人手不足という状況もあって、日本政府は中小企業が外国人研修制度を利用できるように法改正を行った。これによって多くの外国人労働者が研修生という立場で合法的に働くことができるようになった。一見すると、不法滞在者が一掃されたかのように思える。しかし、仲介業者のずさんな人事体制、賃金の未払いや過重労働などの新たな問題も起きた。彼らは日本各地、とりわけ地方において、日本人の若い世代が就きたがらない業種における人手不足を補うかのように、労働に従事していた。

合法的に日本で長期に生活する外国人ムスリムは、研修生だけに留まらない。少子高齢化に伴い、看護師や介護福祉士のなり手が恒常的に不足している。そこで、日本政府は政策として看護師および介護福祉士の候補者を受け入れることにした。これによってインドネシア人そしてフィリピン人が来日することとなった。世界第1位のムスリム人口を有するインドネシアからは、2008年8

図表3　2018年までに開設ならびに設立されたモスクやイスラーム団体の推移

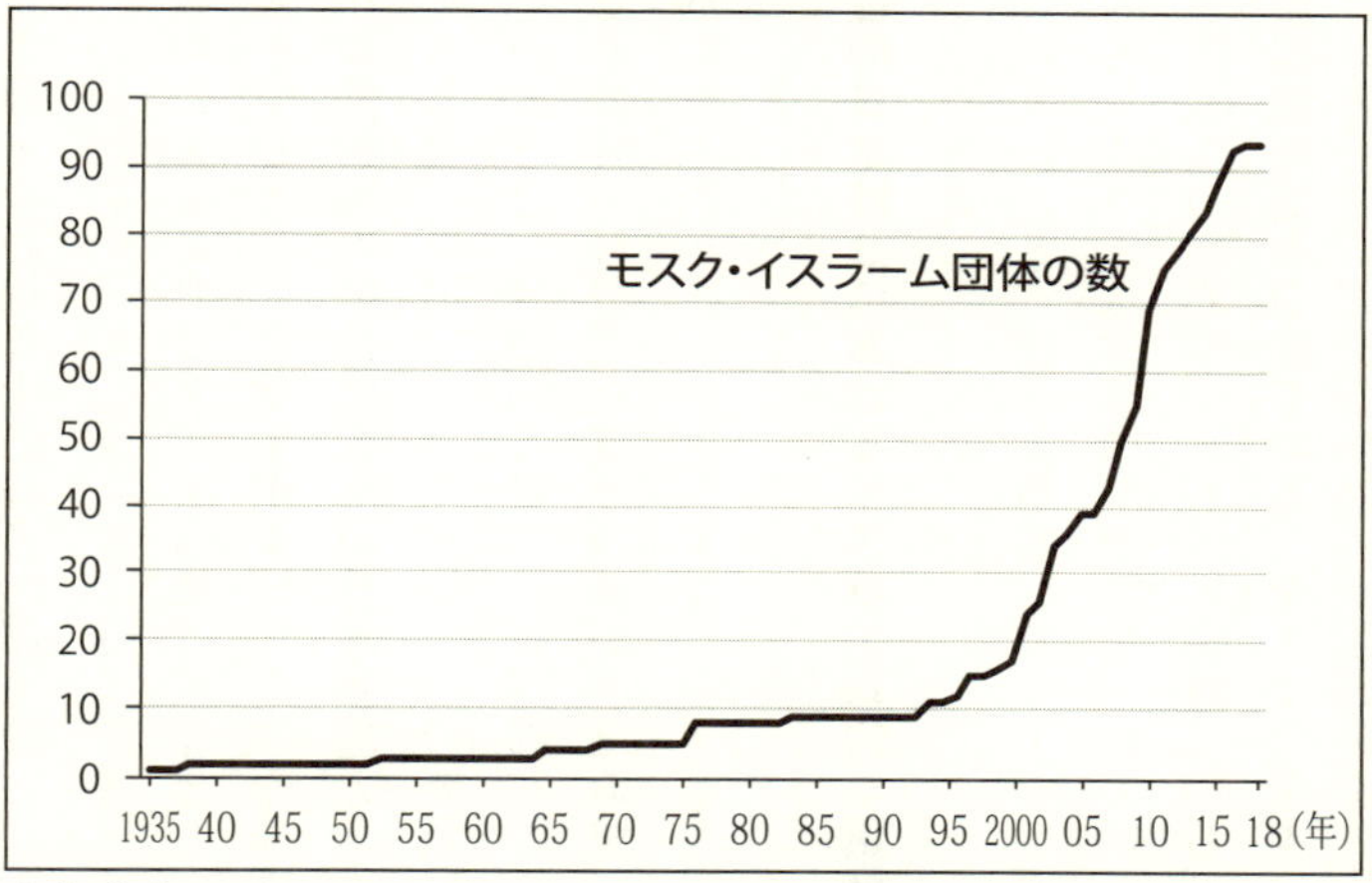

出典：筆者のこれまでのモスクやイスラーム団体への聞き取り調査の結果を踏まえ、日本ムスリム協会会報誌『アル・イスラーム』などのイスラーム団体が発行している印刷物などの資料を参考に筆者作成。レストランや観光地・公共交通機関の施設などに付随するムサッラー（簡易礼拝室）も含めるとなると、把握できない数となる。

「東京ジャーミイと桜」写真提供：東京ジャーミイ

月に看護師・介護福祉士候補者の第1陣として、208人が来日している。

近年は労働者のみならず、マレーシアやインドネシアからのムスリム留学生もまた増加している。日本政府による2020年を目標達成年とした「留学生30万人計画」に伴い、近年ではアジア系の外国人を中心として留学生が来日し大学や高等専門学校などで勉学に励んでいる。こうした外国人ムスリム留学生の中には、高い日本語能力あるいは複数の語学能力を活かして国内外の日系企業に就職する者や、母国で教員や官僚などの要職に就く者もいる。

以上のような、合法的に日本に長期滞在するムスリム労働者やムスリム留学生の存在もまた、これまでイスラームが入ることのなかった地域、特に地方におけるイスラーム的な環境整備に一役買うようになった。

現在の日本社会におけるイスラーム的な環境整備について

滞日ムスリムと、彼らと結婚してイスラームに改宗した日本人の増加によって、現在のような日本国内のイスラーム的な環境が整備されていった。図表3の通り、日本国内の礼拝施設は現在90か所以上にも上っており、今も増え続けている。こうした日本国内でみられるイスラームの広がりは、様々な課題を突きつけている。そこで、日本におけるイスラームの歴史を締めくくるにあたり、現在の日本社会におけるイスラーム的な環境に関する諸問題について述べてみよう。

初めにムスリム第2世代の子どもたちに対するイスラーム教育問題を取り上げよう。滞日ムスリムや彼らと結婚してイスラームに改宗した日本人の増加は、日本国内でムスリム家族が増加し、ムスリム第2世代の子どもたちが誕生することにつながる。それに伴って子どもたちへのイスラーム教育をどのように施すのか、ムスリムの子どもたちに対して学校は如何に接するべきかが問題となっている。新聞記事によれば、今後は学校も日本国内で育っているムスリム子弟の教育について配慮すべきことが述べられている（産経新聞２０１８年9月26日付「ムスリムの子供増加　学校で理解と折り合いを」）。

日本には文部科学省の認可を受けた仏教系やキリスト教系の学校は存在するが、イスラーム学校は存在しない。保育園・幼稚園はモスクに併設されているが、小学校以上の学校で、学校教育法に準ずる教育を行い、法人格として認められている学校は日本にない。あくまでも放課後や土・日に子ども向けのクラスがあるアフタースクールとしての学校が存在する程度だ。そこで親たちはイスラームの教義に見合う教育を求めて、様々な方法で学校を探している。インターナショナル・スクールに通わせる家庭、同じ啓典の民であることからキリスト教系の学校に通わせている家庭、あえて公立学校に通わせている家庭、ムスリムが多数派となる配偶者の母国に子どもだけを送り、両親は日本で生活するという家庭もある。イスラーム教育はあくまで宗教教育である。各家庭がどのような方法で教育するのかは、両親の考えに依る。

次の問題点として、地域社会との関わり合いを取り上げよう。これは、後の章で詳述する問題でもある。２０１８年12月に入管法が大きく改正されて、外国人材を14種の特定業種で受け入れることが決定した。一部のビザは家族を連れて来ることができるために、事実上、移民の受け入れとみなすことができるといわれている。だがそれはまた、彼らの宗教文化も受け入れざるを得ないことを意味する。

現在、ムスリム留学生が地方の大学で学んでいることもあって、東京や大阪などの大都市だけでなく、地方都市でも彼らの姿を見かけることができる。また農漁村地域では、技能実習生として外国人ムスリムを受け入れている地域もある。彼らムスリムの存在を通して、地域コミュニティとの関係を如何に構築していくのかについても考えねばならないだろう。

例えばモスクの開設においては、地域社会との話し合いの場をつくらねばならない。モスクは、ムスリムたちにとってイスラームを実践するための場である。礼拝もさることながら、断食月のイフタール［日没後の食事］および断食明けのイード［祭り］などのイスラームの行事の際にムスリムたちが参集する場でもある。またクルアーンを読むためのアラビア語やイスラームの教義を学ぶだけでなく、ムスリムの友人を作ることができる場でもある。だが地域住民との話し合いがないと、地域の慣習やルールなどの地域性を無視して、ムスリムたちだけの居場所を確保するという権利だけが強く主張されることとなる。モスクを建設する時には、建設予定地の近隣住民との折り合いをつけることの難しさが伴うが、福岡県福岡市にある福岡マスジドのように、日本人ムスリムを仲介役として話し合いの場に参加させることによって、地域との良好な関係ができる場合が多々見られる。過去の事例あるいはインタビューした日本人ムスリムたちによれば、地域との折衝に関しては、ゴミ出しのような地域ルールや国および地方自治体の条例などの法律を理解することのできる日本人ムスリムを間に立てることで、地域社会とのコミュニケーションを図りながら、イスラームへの理解を求める話し合いができるという。ただし、日本人ムスリムを話し合いの場につかせることで、すぐにモスク建設の話が軌道に乗るわけではない。それは、地域の住民や団体などの理解の程度にも依る。特に、ムスリム専用墓地の建設には、非ムスリムの日本人の宗教に対する感情的な問題まで含まれている。したがって、イスラーム的な環境作りは、その建設前に地域住民との話し合いの場の設定のみならず、彼らのイスラームという「宗教」に対する理解が必要になってくるのである。これらの課題を克服するには、仲介役としての日本人ムスリムの存在とともに、どれほど地域社会の人々と共に地域活動に参加していくのかという姿勢を表すことが解決策の一つとなる。例えば、山梨県甲州市塩山のイスラーム霊園の開設には、イスラームに対して理解を示した非ムスリムの地元の人々、とりわけイスラーム霊園がある文殊院の当時の住職による尽力があった。

最後の問題点として、近年非ムスリムの日本人によるイスラーム理解ともいえる現象が起きていることについても触れたい。それは、ムスリムが安心安全に食することのできるハラール食品の提供を中心にしたハラール・ビジネスの展開である。「ハラール」とは、アラビア語で「許容された」ことを意味する。近年では、グローバル化によりイスラーム（ムスリム）との接点が増えたためか、ハラール・ビジネスのように非ムスリムの日本人がイスラームに積極的に関わる場面が増えている。

また日本政府が訪日観光客を招致する政策を行っていることもあって、ムスリム観光客数の増加とともに彼らへの対応としてレストランや宿泊施設などでハラール食を提供するようになっている。

この問題は第6章で詳述するので、そちらをご覧頂きたい。ただここで簡単に述べるとするならば、イスラームは文化である以前に宗教であり、信徒の日常生活においてかなり詳細な規定がある。また第1章でも述べたように、イスラーム法学派の解釈の違いや地域性もあって、これがハラールであると断言することも、その規定を一本化することも困難である。それを知っているのかあるいは知らないのか、日本ではここ数年で急速にハラール・ビジネスが広がっていった。


以上が、日本におけるイスラームの歴史である。この歴史を築いていったのは、自国民つまり日本人ムスリムだけではなかった。日本人ムスリムの数は非常に少なく、彼らを中心にして日本各地にイスラームが広がることはなかった。どの時期においても鍵となっていたのは、これまで概観した通り、外国人ムスリムの存在であった。とくに、1980年代後半からの外国人ムスリムの存在は、結婚をきっかけにした日本人ムスリムを多く生み、日本国内でムスリム家族が形成されてムスリム第2世代の誕生を見るに至った。

そこで次章では、日本のイスラームが過去と比べて飛躍的に広まっていった1990年代から2010年頃までにイスラームに改宗した日本人たちに焦点を絞って、彼らのムスリムとしての生き方をみていく。また次々章では、外国人ムスリム、とくに1980年代後半から1990年代にかけて就労目的で来日した外国人ムスリムを中心に、彼らの日本での生き方をみていこう。

第3章　日本人ムスリム

「日本人ムスリム」とは何か

日本におけるイスラームの歴史の中で、外国人ムスリムとの出会いによって日本人ムスリムが誕生したことは、第2章で述べたとおりである。

では、日本人ムスリムとは何か。生まれながらのムスリムたち（主に外国人ムスリム）にインタビューすると、「日本人も外国人もない。イスラームは一つであるから、ムスリムも全員同じである」ということを述べる者がいる。だが実際は決してそうではない。各イスラーム法学派による法解釈の微妙な違い、土着文化からの影響などでイスラーム圏でも少しずつその違いを見出すことができる。それ故に、どうしても「○○人ムスリム」とせざるを得ない。

第2章でも述べたように、現在の日本人ムスリムは、主に結婚を理由としてイスラームに改宗した第1世代となる日本人（その多くは日本人女性）と、その子どもたちとなるムスリム第2世代によって構成されている。また日本におけるイスラームの歴史を概観すると、日本人ムスリムは各時代の社会状況によっても影響を受けている。加えてどの国や地域の外国人ムスリムと出会い接してきたのか、ムスリムとの関係も影響されている。

言い換えれば、日本人ムスリムの在り方について時代を通して概観すると、そこにはその時々の社会状況が反映されている。戦前は、回教［イスラーム］政策を遂行する中でイスラームに触れたことによる改宗者が見られた。終戦以降になると仕事関係などで中東・イスラーム地域に関わったことによってイスラームに改宗する日本人が出てきた。だがそれも少数の日本人であった。というのは、１９７０年代後半、外国人ムスリムを含めても公称3万人程度のムスリムがいたという。その当時の日本のムスリム人口は極めて小さな規模であったことがわかる。１９８０年代後半に労働力としての外国人ムスリムが流入した時、彼らと結婚してイスラームに改宗した日本人女性が増加していった。だがそれでもまだ少数派の中の少数派であった。

ムスリムが少数派となる日本社会において、日本人ムスリムは如何にムスリムとして生きてきたのか。この章では、第2章で述べたように、日本人改宗者が増加した時代である１９８０年代後半以降の日本人改宗ムスリムを中心に取り上げ、彼らのムスリムとしての在り方について考えてみよう。

日本人ムスリムの定義について

まず「日本人ムスリム」という言葉の定義について述べる。

広辞苑などの辞書に掲載されている意味では、日本人は「日本国籍を保有している者」のことである。また大辞泉など一部の辞書には「人類学的分類で、モンゴロイドの一。形態的には中身長で、黄色の皮膚、黒色・直毛の毛髪をもち、虹彩は黒褐色。日本語を用いる」とも書かれている。

さらに「日本人＝日本文化」という括りも一般的にいわれている。日本人という民族が有する文化的アイデンティティとして、神道や日本仏教などにルーツのある日本古来の伝統文化が想起されるからであろう。だが現実には、日本人という理由で日本文化を有するとは限らない。事実１９９０年代に、日本人の血をひいているからという括りで日本社会は日系人を労働力として受け入れた時代があった。ただし実際に日系人が日本国内で日本人と同様に考え、生活するかといえばそうではない。彼らの生まれ育った国や地域、例えば日系ブラジル人ならブラジルで暮らしていた時と同様の日常生活が彼らの居住地域にそのままもたらされることとなる。つまり必ずしも「日本人＝日本文化」でないことを意味している。したがって、後述する例外を除いて、「日本人」を、原則として、「日本国籍を有する者」とする。

次に「ムスリム」についての定義である。「ムスリム」とは、アラビア語で「イスラームを信仰する者」を意味する。『岩波イスラーム辞典』によれば、現在では「信仰告白を公言する者はすべてムスリムとして扱われるとの原則が確立」しているという。したがってイスラームを信仰することを告白した者は全員ムスリムとして扱われ、ウンマ「イスラーム共同体」の一員となり、死ぬまでムスリムで在り続ける。よって、イスラームの棄教はありえないことになる。もしイスラームの棄教を公然と宣言した時（リッダ）には、クルアーンに定められた刑罰であるハッド刑（通常、死刑）の対象となる。ただし、実際に刑が執行されたのは歴史的にもごく限られている。これが意味するのは、厳しい刑に処せられるほど、ムスリムになるということは相当な覚悟が必要だということだ。改宗ムスリムは、その覚悟とともにムスリムになったといえるのである。

では、日本人ムスリムとは何であるのか。先述した「日本人」という定義から、日本人ムスリムは、原則として「日本国籍を持ち、イスラームを信奉している者」となる。ただし、成人になって来日し、その後に日本国籍を取得して「日本人」となった外国人ムスリムを日本人ムスリムであるとする場合は注意を要する。というのは、彼らの両親ともども、先祖代々からの宗教であるイスラームを受け継いでイスラーム圏において生まれ、イスラーム的な社会環境の中で育った「生まれながら」のムスリムだからである。彼らの言動や発想などにおいて「日本的なもの」を見出すことは難しいだろう。

さらに彼らに対して注意しなければならないことがある。彼らの中には中古車業や貿易業など海外の企業を取引先としているために、ビジネスを円滑に行うためには、本人が所有する出身国のパスポートよりも日本のパスポートを所持した方が有利であると考える者がいることだ。というのも、日本のパスポートはビザ免除措置を受けており容易に渡航できる国が多いからだ。したがって、日本国籍を取得した元外国籍のムスリムは、この章では除外することとする。

戦前および終戦以降の日本人ムスリムについて

この章では日本人改宗者が増加した時代である1980年代後半以降の日本人改宗ムスリムの在り方を取り上げて、日本人ムスリムの生き方とは何かについて考えることを主眼としている。だがまずは日本人ムスリムのムスリムとしての在り方を比較する意味から、戦前および終戦以降の日本人改宗ムスリムについて取り上げてみよう。

戦前は国策である回教政策に従事する中で改宗した者が多かった。それはイスラームに改宗することによって地域の情報が得やすくなったためである。また初期の日本人ムスリムは、イスラームへの理解もまだ浅く、日本とイスラームとの接触が始まったばかりであった。それ故、どの国や地域のムスリムとどのようにして出会ったのか、その経緯や彼らとの付き合いの深さなどに左右されることとなった。

日本人で最初にメッカ巡礼に行った山岡光太郎は日露戦争でロシア語通訳官として従軍し、その後メッカ巡礼を行った人物である。山岡は著書『世界乃神秘境アラビヤ縦断記』の中で、潜行調査のためにメッカを目指したことを述べている。彼は当初非ムスリムとしてメッカに行くつもりであった。だがメッカはイスラームの聖都である。現在も非ムスリムは市内に入ることが許されていない。したがって、山岡がメッカに入るためにはムスリムにならざるをえなかった。そこで彼は行程途上のインド・ムンバイでムスリムとなった。ここまでみると彼は潜行調査が終わり次第、ムスリムであることを忘れるかと思われるだろう。だが、彼はその後も満洲における回教政策に従事し、戦後もムスリムとして生きた。

彼らが如何にムスリムとして生きたのかは、本人をとりまくイスラーム的な環境の有無や本人の宗教に対する心構えによるところが大きい。だが、戦前の日本はイスラーム知識人としての外国人ムスリムの数もイブラヒムやクルバンガリーという数名のみであったし、イスラームの知識を得たとしても、非イスラーム地域において信仰心をどれだけ長く維持できるのかは疑問である。日本人改宗者たちがムスリムとして生きるには困難な時代であったともいえる。

終戦以降になると、戦前戦中にムスリムになった日本人らが中心となって滞日外国人ムスリムから知識を得ながら、協働で日本国内のイスラーム的な環境を整備した。また、彼らは後継者となる改宗者たちを育てた。

例えば、1930年にクルバンガリーのもとでイスラームに改宗した日本ムスリム協会の初代会長であった今泉義雄は、エジプトのアズハル大学に日本人留学生を送ることができるよう尽力した。また1941年に北京に居住していた際に、地元のモスクの阿衡《アホン》（中国語で「イマーム」のこと）によって正式にムスリムになった三田了一は、先述したように日本人ムスリムによるクルアーンの翻訳を完成させて1972年に刊行した。三田は、戦前の1922年に山岡光太郎の紹介で満鉄調査部に就職した人物である。戦後、三田は故郷の山口県に引き上げ、その後はクルアーンの翻訳のみならず、若い日本人ムスリムたちの師匠として、また日本国内のイスラーム布教のために精力的に活動した。

終戦以降は、先述の戦前および戦中にイスラームに改宗した日本人ムスリムたちと、様々な理由で改宗した新たな日本人改宗者たちが、滞日ムスリムたちとともに日本のイスラームを形作っていった。それが日本のイスラームの礎《いしずえ》となっていった。この礎があるからこそ、現在の日本のムスリム社会があり、日本人改宗者が存在するのである。

2019年時点の日本人ムスリムの人数について

現在の日本人ムスリムは、結婚による改宗者が多いことは先述した通りである。ただ近年では結婚に限らず、自ら進んでイスラームに改宗する日本人も増えている。理由は様々だ。留学先でムスリムの友人ができて感化されて改宗したりするケースや、SNSを通じて共鳴して改宗するケース、イスラーム地域で、もしくはムスリムを相手にビジネスを行う上で改宗したケースもある。また改宗場所も、留学先など日本国外のケースも見られる。現在の日本人ムスリムは実に多様化しているといえよう。

日本人ムスリムのことを述べる際に、必ず問われるのはその人数である。これまで日本人ムスリムの人数については約1万人程度であるといわれてきた。なお、この「1万人」という数値は、日本人ムスリムたちや日本のイスラーム団体で10年くらい前からいわれてきた。「約」といわれている理由は正確な数値が出ていないからだ。その理由はいくつか挙げられる。これまで各モスクやイスラーム団体では、入信式を行う毎に改宗者数を登録し算出していなかった。また、筆者の調査協力者である日本人ムスリムからの話やフィールドワーク、あるいは日本人女性ムスリムたちによる改宗記（ムスリム新聞社編　２００５）でも述べられているように、親の仕事の関係で海外の学校を卒業したり、あるいは高校や大学で海外留学を経験している若者も出てきており、そうした若者たちは留学先で改宗している事例もある。したがって日本人ムスリムの数はあくまでも推定で語られることが多い。

日本人ムスリムの推定数についていえば、外国籍のムスリムと日本人が結婚している場合が多いので、彼らの在留資格となる「日本人の配偶者等」といったビザの種類などの政府統計から推定値を算出することができる。ただし、配偶者の国におけるムスリム人口比率を考慮しなければならない。例えば、パキスタンではムスリムの比率（２０１０年）が全人口の96・４％であるので、パキスタン国籍であればほぼ全員ムスリムと考えることができる。一方でインドネシアのムスリムの比率（２０１０年）は全人口の87・２％となる。インドネシアは約２億２千万人という世界最大のムスリム人口を誇ってはいるが、国の人口比率からみた場合、インドネシアのムスリム人口比はパキスタンのそれよりも下がることになる。そこで統計資料を利用する場合、各国のムスリム人口比率も考慮に入れてから滞日外国人の出身国ごとにおおよそのムスリムの人数を算出することになる。

この方法は、統計値による数値の算出であるから、算出した類推値は一見すると正しいと思われるかもしれない。だが、かなりあやしい数値算出法であるといわざるをえない。というのは、実際にフィールドワークを行うと、実態をほとんど表していないからである。

その理由をいくつか挙げよう。たとえ男性がムスリムであったとしても、配偶者となる女性がもともと啓典の民であるキリスト教徒だったのでイスラームに改宗せずに結婚したケースがある。イスラームの教義ではムスリム男性と非ムスリム女性との結婚においては、女性がユダヤ教徒あるいはキリスト教徒であればイスラームに改宗する必要はないとしているからである。ただし、女性がムスリムで男性が非ムスリムの場合、たとえ男性がキリスト教徒やユダヤ教徒であっても、配偶者となる男性はイスラームに改宗しなければならない。

海外で改宗した者については、日本国内においてもまた入信式を行うことを複数例確認している。イスラーム圏の大学や大学院などに入る場合、ムスリムであることを証明しなければならない場合もあり、書類作成のために改めて入信式を行うからである。この場合には、日本人ムスリムはのべ人数として換算されることになる。なお過去には、日本のあるイスラーム団体が海外から布教活動用の資金を得るために日本人改宗者数を水増しした事件も起きている（小村明子２０１５）。

日本人ムスリムの人数について最大の問題は第2世代以降の人数である。ムスリム第2世代については、両親がムスリム（あるいは父親のみがムスリム）の場合、その子どもは生まれながらのムスリムとなる。この場合には信仰告白を行う必要はない。それゆえ第2世代以降になると、おおよその数値でさえも求めることができない。一組の夫婦に何人の子どもがいるのか、推測の域を出ないのだ。イスラーム地域の慣習もあってムスリムは子沢山であるのだが、子どもができない夫婦もいる。また、経済的な事情という現実問題から子ども1人のみという家庭もある。日本では子どもの人数が多いと日々の生活の負担が重いことはいうまでもない。ましてや就労目的で日本に滞在する外国人ムスリムは工場などの低賃金で長時間労働の場で働いている者が多い。子ども4人を養うには両親の負担が重くなるのは当然のことである。故に、類推値であっても、日本国内で子どもを3人も4人も養うことができるのかという現実問題を考慮する必要がある。さらにまた、イスラームでは棄教を公言した時、刑罰の対象となるとはいえども、宗教を選択する信教の自由があるために子孫まで受け継がれるのかという疑問がある。

実際に日本人ムスリムについてフィールドワークをしてみると、彼らの実態は考えられる以上に複雑だ。先述した以外にも、例えば、様々な宗教を勉強した結果、イスラームを自分の宗教として選んだ若者も増えている。だが、海外でおきたムスリムによるテロ報道を見聞きしたことによってイスラームに理想を見出せなくなってしまった者や、あるいは離婚でムスリムであることの意味を失ったり、元配偶者や恋人からの仕打ちでイスラームそのものが嫌いになってしまった者、あるいはまた非ムスリムとの結婚および再婚などといった、より現実的な諸事情によってイスラームから離れていく改宗者もいる。そのために、日本人ムスリムの実態数は単純に統計数値から追うことはできず、統計数値から算出したといえどもその数値はのべ人数を含んでおり、水増しされた数値である。したがって、実際は予想以上に減少することがいえる。故に、筆者は数値については断言できない。だがあえて数字を掲出するなら、先述の状況に鑑みて、2019年時点においても、実質はほぼ横ばいの「1万人強」だと推定する。

1980年代後半からの日本人改宗ムスリムの改宗理由について

日本人ムスリムは如何にして誕生するのか、彼らの改宗理由をこの節で探ってみよう。

日本人ムスリムの大半は第1世代の改宗者である。この世代の多くが1980年代後半から1990年代にかけて滞在した外国人ムスリムを配偶者に持つ日本人女性改宗者である。彼女らの中には、イスラームに改宗することはどういうことなのかを学んでからムスリムになる女性もいるが、中にはムスリムになることを深く考えずに改宗する者もいる。また近年では、非イスラーム圏である北米やヨーロッパ各国の留学先でムスリムと知り合ってイスラームを知り改宗する若者も多くなっている。この章では、以下の5名の日本人改宗者について詳しく調査した結果を示す。

事例1：Aさん

（女性40代、会社員、改宗年代：20代、改宗理由：結婚のため、現在は離婚）

Aさんは、当時刊行していた外国人向けの無料冊子の友人募集コーナーを通してパキスタン人と知り合って交際した。イスラームがどういう宗教であるのか最初は知らなかったが、交際相手がムスリムであったから次第に意識し始めるようになったという。彼女は交際相手からイスラームを少しずつ学んでいった。それ以外にもパキスタンの言語であるウルドゥー語も学ぼうとしたが、相手は日本語が堪能であったことと、ウルドゥー語の文字を見ただけで難しく感じたので断念したという。後にその男性と結婚して改宗した。入信式は関東圏内のモスクにてイマームとその家族を前にして行ったと述べる。

事例2：Bさん

（女性50代、自営業手伝い、改宗年代：30代、改宗理由：結婚のため）

Bさんの配偶者はパキスタン人で、子どもはいない。配偶者ビザを取得するためにイスラームによる結婚証明書（パキスタン人の間では「ニカー・ナーマ」と呼ばれている）の提出が必要で、その証明書を取得するためには、ムスリムになることが必要だと配偶者からいわれたためであるという。結婚してしばらくはBさんの実家で生活していたこともあって、あまりイスラーム的な環境ではなかったと述べる。

日本人改宗者は圧倒的に女性が多い。それはAさんやBさんのように外国籍のムスリムとの結婚をきっかけとして改宗した者が多いからだ。しかしながら日本人男性も少ないながらも改宗していいるケースである。その多くは赴任先や仕事の関係でムスリムの友人・知人を介してイスラームを知って改宗している。

事例3：Cさん

（男性50代、自営業、改宗年代：30代、改宗理由：仕事先で複数のムスリムと出会い、イスラームの良さに魅かれたため）

Cさんは現在バングラデシュ人と結婚しているが、改宗後10年程経ってから結婚しているので改宗理由は結婚ではない。Cさんが改宗するきっかけとなったのは過去の仕事の関係でエジプトに2年ほど赴任していた時のことである。そこで様々なムスリムと知り合うこととなった。彼らとは直接イスラームの話をしていない。しかしながら、約束を守る、人に対して誠実であるといった彼らの行動そのものがイスラームの目標としている生き方を体現していることを知り、イスラームという宗教に感銘を受けて帰国後に都内のモスクで改宗した。

また近年では、20代から30代前半の若者を中心にしてイスラームを自分の宗教として選択して改宗するケースもみられる。

事例4：Dさん

（男性30代、自営業、改宗年代：20代、改宗理由：テロ事件をきっかけとしてイスラームとは何かを学んでいく中で改宗）

Dさんは2001年9月11日のアメリカ同時多発テロ事件が発生した時、その影響で高校の修学旅行がキャンセルされたことがきっかけとなって、イスラームを勉強し始めたと述べる。大学でもイスラーム地域研究を専攻したが、否定的なイメージが強すぎてなかなか理解できずにいた。だが、イスラーム的な世界に触れて行くうちに自分に合っていると思い、改宗した。

さらに近年の傾向として留学先でムスリムの友人ができ、それをきっかけにしてイスラームを勉強するようになり、最終的に改宗に至ったケースも複数見ることができる（ムスリム新聞社編2005）。また、日本国内においてもムスリム留学生が増加していることもあり、留学生を通じてイスラームに触れて改宗するケースも見られる。

事例5：Eさん

（女性30代、会社員、改宗年代：20代、改宗理由：ムスリム留学生の友人ができたこと）

Eさんは、日本国内でトルコ人留学生の友人がいたことから、自然とイスラームを受け入れるようになったという。彼女からイスラームの教義を無理に説明されたり、あるいは礼拝の光景をわざわざ見せられるということはなく、家に招待されて他の女性ムスリムたちと一緒に食事をしたり会話を楽しんだりしているだけである。こうした何気ない場の中でEさんは彼女たちの親切心や優しさに触れて、これがイスラームであるのかと思い、都内のモスクで改宗したという。

このように外国人ムスリムの友人を持つことがきっかけとなり、改宗に至るケースを見ることもできる。

以上、改宗事例を紹介した。彼らの改宗理由をわかりやすく列挙してみると、以下のようになるだろう。

1. 結婚のため①（結婚を考えて先にイスラームを勉強して納得した上でイスラームに改宗、改宗後に結婚した人）
2. 結婚のため②（改宗が結婚のための必須事項と捉え、とりあえず改宗し結婚、その後にイスラームを勉強した人）
3. 留学先でムスリムと知り合い、イスラームに触れたこと
4. 仕事の赴任先でムスリムと知り合い、イスラームに触れたこと
5. 日本国内でムスリムの友人ができて、イスラームに触れたこと

6．ビジネスを成功させるための改宗

7．自分の宗教として選択した結果の改宗

改宗者の改宗理由をみていくと、出会ったムスリムの存在が大きく関わっているということがいえる。1～5まではムスリムの存在があり、彼らを通してイスラームを知って学ぶ中で改宗に至っているケースといえよう。

6については、戦前にいわゆる回教政策に従事した日本人や、1970年代のオイルダラーで中東に注目するようになった日本企業のビジネスマンを具体例として挙げることができる。戦前は、満洲や中国西北部における情報収集活動およびインドネシアを中心とした東南アジアのムスリムたちを懐柔する政策が重視されたため、日本人をムスリムにして諜報要員および軍政要員として任命する措置がとられたことが理由に挙げられる。現地に渡って情報収集する場合に、ムスリムであった方が円滑に事が運んだ。それ故に、イスラームに改宗した人がいたのである。

こうした改宗者が終戦以降もムスリムとして生き続けたかといえば必ずしもそうではない。過去これまでも、アラビア半島への投資関連事業や日本の生産加工品の輸出関連業務などに従事する日本人が便宜上改宗するケースはあった。ただしビジネスを成功させるための改宗であるので、プロジェクトが終了すればイスラームから離れていくケースも見られた。また近年では、ハラール・ビジネスに従事する者もイスラームの教義を積極的に学んでいる。ただし筆者がフィールドワークで知り合ったハラール食品関連のビジネスパーソンたちはイスラームをしっかりと学ぶ一方で、自らが改宗することについては非常に消極的であった。彼らは、既に自分の家族がいて迷惑をかけることになるとか、結婚できなくなる、先祖あるいは家族の宗教と違ってしまうなどを理由として述べていた。なおこのような消極的な考えを持つビジネスパーソンたちは、ビジネス・パートナーとしてムスリムを雇い、ハラール対応を行う傾向にある。

7についていえば、主にインターネットのサイトなどを通してイスラームを知り、少しずつ学んでいく中で、実際にモスクの勉強会に通うようになり改宗に至るケースである。筆者が確認する限りそれほど多くはない。ただし年齢は10代から始まり、主に20代から30代といった若い世代にみられるのではないかと推測する。筆者がこれまでインタビューしてきた中で、若い世代の改宗者の中にはインターネット検索によってイスラームを知ったという者がいた。スマホ世代ともいわれる若者がイスラームを知るきっかけとしてはある程度理解できる。だがそれだけでは、彼らはなぜイスラームを自らの宗教として選択したのかという強い動機が見えてこない。そこで筆者は若い世代の日本人ムスリム、とくに7のような自らイスラームを選択して改宗したという日本人ムスリムにインタビューする際には、なぜ他の宗教でなくイスラームなのかと質問している。すると、イスラームの教えは他の宗教と比べて解りやすい、あるいは他の宗教に比べて改宗者の疑問に答えることができ、非常に論理的だと回答する者がいた。ただしそのように回答する改宗者は、かつて新宗教も含めた他宗教の信徒であったか、もともとキリスト教や仏教など他の世界宗教についてもかなりの知識を持っている者である。彼らは他宗教の宗教観あるいは宗教教義をイスラームのそれと比較することができるのだ。また3の改宗理由においても、同様の回答を得ることがある。すなわち、若年層にとってイスラームは、他の宗教とは異なり何か魅力を感じさせる宗教であることを示唆しているといえよう。

これら1～7の改宗理由は、あくまで大まかに列挙しただけであって、改宗者の改宗理由をより詳しく聞いてみると、例えば、3～5の理由はあくまできっかけに過ぎず、長い年月をかけて最終的に7のように自分で選び取ることもある。つまり、複合的な理由をみることができるのである。

改宗者の改宗後のムスリムとしての生き方の事例

それでは、これらの日本人改宗ムスリムは、改宗後にどのようなムスリムとしての生活をしているのだろうか。モスクに来ている人たちの目的は、礼拝だけではない。イスラームを学ぶため、あるいはムスリムの友人を得ることもまた目的としている。すなわち、イスラーム的な何かを求めてモスクに来ているのだ。したがって、モスクでよく見かけるムスリムはイスラームの信仰心が厚い人である。ではモスクに来ないムスリムが信仰心の薄い人かといえばそうではない。子どもの世話あるいは仕事が忙しくてモスクに行く時間がとれない、モスクが遠すぎるから、など多様な理由が挙げられる。またモスクに行くとイスラームについて様々な知識を得ることになる。そのために、生まれながらのムスリムである配偶者のムスリムとしてのプライドが傷つくためか、配偶者が改宗者のモスクへの外出をとがめることもまれにある（小村明子２０１５）。では、モスクに来ていない人たちは自分がムスリムであることをどのように自覚しているのであろうか。まずは先述したAさんとBさんを事例として取り上げてみよう。

結婚を理由としたAさんとBさんは、ほぼ同時期の改宗者である。配偶者の出身国も同じパキスタンである。だが筆者の目からみると、彼女らのムスリムとしての自覚や言動に違いを見ることができる。

Aさんは交際中から配偶者の宗教文化であるイスラームを知る努力をしていた。イスラームについて学ぶ姿勢が結婚前からあったといえる。彼女は現在離婚しているが離婚後もムスリムのままであると述べる。ただし彼女は「少しずつ自分ができるだけのこと」を続けているという。また「教えだからといってしっかり守ろうとして厳格になると自分の中でイスラームを続けることに疑問を持ってしまい、やめたくなる気持ちが出てくる」とも述べている。実際に、彼女はスカーフを着用していない。また礼拝の時間になったからと、すぐに礼拝のために席を離れることもなかった。ただ彼女は怠惰であるということではない。心は常にムスリムである。彼女は今でも時々イスラームの教えについてその真意を考えるという。その時はまずインターネットで検索して、それでもわからなかったらSNSで聞くか、あるいは後日モスクに行ってイマームなどのイスラーム知識人に聞くこともあるという。

Ａさんの元配偶者についても聞いてみた。モスクの礼拝にはよく行っていたという。だがＡさんによれば、彼女の元配偶者はそれほど信仰心の厚いムスリムではないという。モスクへ行っていたのは、より良い仕事を見つけるために様々なパキスタン人（あるいは別の出身国のムスリム）と知り合って情報を得るためだということを聞いたことがあったという。また新婚直後まで元配偶者は工場勤務をしており、仕事仲間である非ムスリムの日本人従業員と「一杯ひっかけて帰ってくることもあった」という。Ａさんはその当時のことを「(元配偶者が）ビールは○○○（日本のビール製造会社名）が良いよね、といったときはさすがに、ムスリムなんだからいい加減にして、とこっちが怒ったことがある」と述べている。Ａさんの元配偶者はそれほど厳格ではなかった。だがＡさんが元配偶者にイスラームの質問をすると、元配偶者は礼拝に行っていたこともあって、礼拝後のフトバと呼ばれる説教でいわれた内容をＡさんに伝えることがあったという。

一方、Ｂさんはシャハーダ［信仰告白］をした時以来モスクに行ったことがないという。友人・知人たちは非ムスリムばかりであるし、Ｂさんの配偶者自身がイスラームの教義に厳格ではないという。故に、Ｂさんは配偶者からイスラームの教えを実践するよう求められることはなかったという。またモスクに行く必要もないといわれているという。

Ｂさんの配偶者が厳格ではないというので、筆者はＢさんの配偶者はお酒を飲んでいるのかと聞いてみたが、陰で飲んでいるかもしれないが家では飲んでいないという。ただし、以前近くに住んでいたＢさんの配偶者の友人でもあるパキスタン人男性から「パチンコが大好きで、時間があればしょっちゅう行っていた」ということは聞いているという。なお、イスラームでは飲酒も賭け事も「ハラーム」(アラビア語で「禁忌」の意味)として禁じている。

だがBさんの事例について気をつけなければならないのは、彼女を取り巻く周囲の環境である。Bさんの場合、Bさんの父親が「昔ながらの厳格な父親」であってなかなか彼女の結婚を認めてくれなかったという。結婚の許しをもらった後、Bさん夫婦は両親と一時期同居していた。それもあってか配偶者はイスラームについてあまり強く主張することがなかったという。Bさんは、ムスリムになってからもイスラームの教義に関心を持たないのであろうか。Bさん自身はハラール食には注意を払っている。だがそれはアレルギーや病気などの理由で食べられるものが限定されていると いった程度の理解であった。もしイスラームを勉強したい気持ちがある場合どうしているのかと筆者が聞いたところ、これまでそういう気持ちになったことがないが、もし勉強したいと思ったなら ば配偶者に聞けば良いと答えた。なお食事以外のイスラームの知識については、彼女の場合、ムスリム同士の挨拶の言葉(「アッ＝サラーム・アライクム」:直訳で「あなたがたの上に平安がありますように」という意味のアラビア語)を知っている程度であった。

Aさん、Bさんはともに結婚による改宗者である。一方で自発的に改宗した人たちはどのようにムスリムである自分を自覚しているのだろうか。

海外赴任先でイスラームに触れたCさんの場合、帰国後に居住していた都内のモスクで改宗した。その後は週末にモスクで行われるイスラームの勉強会に参加していた。都内にはモスクが点在するので、金曜礼拝も行きやすかったという。平日も仕事柄海外の人（主に、トルコ人やバングラデシュ人）と付き合うことが多かったという。また過去においては、モスクでの勉強会のみならず、市民向け講座でイスラーム関連のテーマが扱われる際にもできる限り参加していたという。

現在Cさんはある地方都市に居住している。近隣のモスクといっても片道1時間ほどかかる道のりである。そのために頻繁には通えないという。そのモスクには金曜礼拝のために行く。ただ彼は東京都内のモスクで改宗し、また都内で暮らしていた時期の方が長かったこともあって東京在住のムスリムの友人の方が多いという。メールなどの電子媒体でのコミュニケーションもとるが、より直接的な連絡の方が彼にとってしっくりくるのだろうか、よく電話をしてわざわざ友人に会いに上京することもあると述べている。

自発的にムスリムになったといってもすぐにムスリムとしての自己を確立できるとは限らない。Dさんへのインタビューでは、ムスリムとしてイスラームを理解するにあたり、葛藤があったという非常に興味深いエピソードを聞くことができた。Dさんは自分自身の改宗後について、常にイスラームについて疑問を抱えながらも理解に向けて少しずつ先に進めていったという。理解に導かれるきっかけとなったのは、改宗後中国の大連に1年ほど仕事で滞在した時のことであったという。その時にイスラーム的な環境、特に食環境が整っていたので何とか理解できるようになったという。Dさんはムスリムが少数派となる日本社会において、如何にムスリムとして生きていくか常に考えている人である。彼自身は周囲にムスリムであることを公言し、周囲の日本人で非ムスリムの者たちもまたムスリムとしてのDさんを認めている。故に彼からイスラームとはどのような宗教であるのか、話を聞こうとする非ムスリムの人々も多い。ただその一方で、彼が非ムスリムと仲良くし、かつ彼らにイスラームを説くその姿勢が気に食わないからなのか、彼のムスリムとしての在り方について「世俗的すぎる」と意見する厳格なムスリムもいることもまた否めない。それをDさんは気にはしつつも、自分のこれまでの生き方を見失うことなく、ムスリムとして日本社会に生きている。

ムスリム留学生の友人をきっかけに改宗したEさんは、時間の都合がつけばトルコ人女性たちといつも一緒にいるという。彼女らは単なる茶飲み友だちだと話す。それ以外にもムスリムの友人知人はいるのだが、モスクへ行っても必ず彼女たちに会えるわけでもなく、モスクで行われている女性の会に参加しても家族や子どもたちの話ばかりなので、未婚の彼女にとっては話題がかみ合わなかったと述べる。そのこともあって最近ではモスクに行くよりは、トルコ人の友人に会いに行くことが多いという。もっとも最初に出会ったのが彼女たちだからという理由もあるという。また彼女は「トルコ人の女性たちといると、何となく居心地が良いから」という。彼女たちからだしぬけにイスラームの話をされる、あるいは礼拝を強要されることもないという。お菓子や食事を作ったから食べにおいでと誘われたりする程度である。逆に彼女たちのムスリムとしての振る舞い（言葉の端々に唯一神アッラーへの賛美が入っていることや、ムスリム非ムスリム問わず喜捨をするというムスリムとしての善行を積むことなど）が自然体なので、イスラームの教義においてこれだけ緩くても良いとは思わなかったと述べる。だからこそ彼女は居心地が良いと語る。こうしたイスラーム的な環境にいる中で彼女自身イスラームを理解しているかといえば、「そうは思わない」と述べる。「まだまだ勉強不足だけど、ゆっくりと理解していくつもり」とも話をする。「いつか結婚して子どもができたら、そうはいかなくなるかもしれない。だけど今は自分だけだから、ゆっくり少しずつね」と述べている。

5名の改宗者からみたムスリムとしての生き方：「ムスリムであること」の意味

彼らに総じていえるのは、たとえムスリムになったとしても、イスラームを理解して、その全てを受け入れているわけではないことだ。加えて、「ムスリムであること」は宗教そのものを意識するだけでなく、イスラーム的な環境にどれだけ自分の身をおけるかによっても理解に差が出てくるということだ。この章では5人の改宗者の経緯を見てきた。彼らの過程において、如何にムスリムとしての在り方が形成されているのか今一度確認してみよう。

AさんやBさんは結婚によってイスラームに改宗している。本人たちの宗教への意識もさることながら、配偶者のイスラームへの態度も彼女らのムスリムとしての在り方に大きく関わっているといえる。両者の配偶者は厳格なムスリムではない。彼女らにモスクへ行ってイスラームを学んでくるように強制していない上、イスラームではハラーム［禁忌］とされる飲酒あるいはパチンコに興じているからである。とりわけBさんの場合、宗教自体に興味を持っているわけではないので、宗教的な日常生活を過ごしているわけではない。またBさん夫婦は一時期Bさんの両親と住んでいた。彼らがイスラーム的な環境を構築するには両親のイスラームへの理解が不可欠だったが、Bさん夫婦はその理解を両親に求めてはいなかった。唯一両親に求めたのは食事だけであって、Bさん自身もまた食物アレルギーや疾病のための食事制限のように豚由来の食品やアルコールの摂取の禁止を捉えている。故に、家庭内ではイスラーム的な環境であるとはいい難い。Bさんにおいては、ムスリムであることよりも結婚前と同様に、日本の社会文化に適合して生きることが自然であるといえる。

また一方で、結婚を理由として改宗したAさんは、交際中にイスラームを勉強してきたこともあったので、自発的にムスリムとしての自分を意識してきたといえる。しかしながら、彼女は「離婚した今となっては厳格に生きたいとは思わない」と話す。すなわち、イスラーム的な環境にさらされることもムスリムとしての自分をはっきりと意識することもなく、今はごく自然体でありたいと考えているのだ。一部の外国人ムスリムや日本人改宗ムスリムの中には、イスラームの教義に厳格すぎるあまり地域社会とのつながりをうまく持てない人もいる。それを知ってのことであろう。彼女は「折り合いをつけて生きること、いわゆる中庸もまたイスラームの教えの一つであり、ムスリムに求められていることだから」と話す。イスラームは両極端にならずに「正しい中間の道」を進むことを信徒に求めている。だが、Aさんが説明に調和的で正しい中間の位置を意味するためにイスラーム用語を使わずに「中庸」という言葉を使用すること自体独特であり、何か日本的なものを感じる。だがそこに日本人であることと、ムスリムであることの両立を見ることもできるだろう。

　Cさん、Dさん、Eさんについては、自分で宗教を選択して改宗した人たちである。自らイスラームを選択しているのであるから、彼らが宗教の教義通りに厳格に生きているかといえばそうではない。イスラームでは男性は金曜日昼間に行われる集団礼拝に行くことが義務付けられているが、仕事中であることや、近隣にモスクがないために必ずしも集団礼拝に参加できるわけではない。一方で女性の場合は、金曜昼間の集団礼拝が義務ではない上に、出産・育児のためにモスクに行くこと自体を控える人もいる。女性信徒全員がそうではないが、礼拝中に小さな子どもたちが走り回ったりして騒ぐこともあって、周囲に気遣って集団礼拝に子どもを連れて行くことを差し控えたりするムスリムもいる。また女性は生理中に礼拝することができない。それ故に、その間はモスクへ行く必要がないからあえて行かないという人もいる。したがって、モスクに来ない女性ムスリムが単に宗教に対していいかげんか、あるいはイスラームから離れているのかといえばそうとは限らない。彼らの信仰心やイスラームへの理解力以上に、物理的でありかつ現実的な問題が存在するのだ。

　とくに、Cさんにおいてはそれが顕著である。近隣にモスクがないために頻繁に通うことができない。ただしモスクでイスラームを学ぶよりも、むしろ仲の良いムスリムたちと一緒にいることの方が居心地の良さを感じるのであろうか、わざわざ遠方から友人たちに会いに上京している。仲の良いムスリムと同じ時間を過ごすことで、自分の居場所を確認している可能性もある。言い換えれば、同じムスリム・コミュニティの中でも自分にとって居場所となる集団を選んでそこにいることを通じて、Cさんはムスリムとしての自分を自覚しているといえよう。同様のことはEさんについてもいえる。

Eさんはムスリムである友人とのやり取りの中でイスラーム的な環境を自ら構築している。あえてモスクにおいて座学でイスラームを学ばなくとも、イスラームを体現する友人と一緒にいることでイスラームを学んでいるといえる。Eさんのように、モスク以外でムスリムに会うことはよくあることだ。Eさんによれば、モスクなどで行われている女性の会はいつも同じメンバーになるとは限らず、初対面の人の方が多いという。また女性の会でイスラームの話ができるかといえば、そうとは限らない。女性たちの悩みを共有する場でもあり、また時には「ママ友の会」のようになる場合もある。その会に集まった人たちの構成（既婚者、未婚者、子どもの有無、世代など）によって話題が異なってくるからだ。女性の会への参加は、他のムスリムの存在を知り友人を作る機会となる。だが、Eさんの場合居づらさを感じてしまうこともあるのだろう。彼女はモスクに行くよりは気の合う仲間と一緒にお喋りをし、あるいは友人宅に招かれて食事をご馳走になることの方が、自分が「ムスリムであること」を実感すると話す。それは、気の合うムスリムの仲間内にいることで同じ仲間からムスリムとして認められる自分を実感することにつながる。そのことによって、ムスリムとしての自分を自覚しているのである。

では、「日本人であること」と「ムスリムであるということ」はどう重なり合うのか。Dさんによるイスラーム理解への経緯は好例を示している。

Dさんは Dさんの考えるムスリムとしての生き方にプライドを持っている。だからこそ周囲に自分がムスリムであることを公言し、かつ周囲の非ムスリムも彼の生き方を認めている。

彼の改宗後のイスラーム理解への過程には、他の人たちにはあまり見ることのない興味深い点がある。改宗後もイスラームを教えられたまま鵜呑みにせずにいつも疑問を持ち、それを氷解させようと学ぶ姿勢を見せていたことだ。新しい改宗者がイスラームを学ぶ際に、なぜそれを教義としているのか、またはなぜ行うのかと質問することがある。質問者がムスリムである場合、大方の解答は「唯一神アッラーがそう決めたから」となる。しかし、論理的整合性を求める改宗者には理解するのが難しい。現実社会と比較し納得がいくまで質問することもあるからだ。この改宗者の質問に対応することのできるムスリムすなわちイスラーム知識人は論理的に理解できるように説明することが求められる。つまり、イスラーム知識人らに要求されていることは、質問に臨機応変に答えることである。Dさんの周囲に、彼の疑問に答えることができる人物がいたかどうかはわからない。だが、Dさん自身はムスリムとして常にイスラームの教えに疑問を持ち、それを氷解させることを求めていた。この過程において、Dさんのムスリムとしての生き方が少しずつ形成されていったといえるだろう。最後に、先述した5名について彼らのムスリムとしての意識を表にして簡単にまとめてみた（図表4）。

AさんBさんは、ムスリムとしての自己の意識よりも、日本人としての意識の方が強い。とりわけ、Aさんについては、ムスリムの配偶者と離婚することで、イスラーム的な環境にいることの意

図表4　日本人改宗者5名のムスリムとしての意識について

	改宗初期におけるムスリムとしての行動	ムスリムとしての行動（現在）	現在、「日本人であること」と「ムスリムであること」、どちらの意識が強いか。	
			日本人	ムスリム
A（女性）	モスクで開かれている女性の会への出席。配偶者にいろいろと質問していた。	離婚以降は、無理のない程度で実践している（スカーフは着用しない）。	強	弱
B（女性）	特になし。配偶者への食事には気をつかう。	同左。	強	弱
C（男性）	事ある毎にモスクに行き、勉強会にも出席していた。	転居により、頻繁にモスクに行けなくなってしまった。だが金曜礼拝には行くようにしている。また遠方のムスリムの友人に会うために上京している。	どちらかといえば弱	強
D（男性）	改宗後もイスラームの教えに疑問を持ち、それを氷解させようと学ぶ姿勢を見せていた。	周囲にムスリムであることを表明して、積極的にムスリムとして活動している。	強	強
E（女性）	女性の会や勉強会に参加していた。	仕事以外はスカーフを着用。 ムスリムの友人たちと歓談することを楽しんでいる。	どちらかといえば弱	強

味がなくなったといえる。またそれと同時に、Aさんのムスリムとしての在り方も希薄になっている。またCさん、Dさん、Eさんのように、自分の宗教としてイスラームを選んで改宗した人々のムスリムとしての意識は、日本人であり、かつ日本社会で問題のないように生活している自分を自己の中で認識している一方で、ムスリムである自分もまた同じように自己の中で認識している。Cさんは現在モスクに頻繁に行くことができない状況にある。Eさんは仕事の間スカーフを外している。ただ彼らは、ムスリムの同胞と一緒にいる時間を作ることによって、ムスリムとしての自己を認識している。Dさんは、日本人ムスリムとして生きている自分を日本社会に対して主張している。周囲の非ムスリムたちはそんなDさんを、日本人ムスリムとして認めている。この3名においてはムスリムとしての自分を社会的に可視化する度合いは異なっていても、ムスリムとしての個人的自覚は強いといえる。

5名の日本人改宗ムスリムのムスリムとしての在り方を細かく見ていくとわかることがある。それは改宗に至る経緯の中で、全員、生まれながらのムスリムとの、直接の出会いを経験していることである。彼らとの出会いがイスラームを知るきっかけを生んでいるのだ。また改宗後の経緯では、改宗ムスリム本人のイスラームという宗教への思い、ムスリムとしての自覚の強弱、そして周囲のイスラーム的な環境の有無など様々な要因が重なって、ムスリムとしての自己がそれぞれ形成されているのである。

さらにいえることとして、改宗後の初期の段階では、Bさんを除けば積極的にイスラームを学ぶという行動をしている。真摯《しんし》にイスラームを学びたいという意思の表れだろう。だが現在、どれだけムスリムとして行動しているのかを各人について見ていくと、様々なケースを見ることができる。例えば、モスクへ行かなくともイスラーム的な環境を求めてムスリムとして自分ができることを自発的に行う。あるいはムスリムの友人に会うことを通してムスリムとしての自分の存在を確認しているなどである。その点において、ムスリムとしての在り方はイスラーム的な環境の中で育まれるものであり、「ムスリムである自己を自覚し、かつ確認する」ことを示しているといえるだろう。いいかえれば、ムスリムとしての自己は、改宗前よりもむしろ改宗後のイスラーム的な環境の中で育まれる。また、ムスリム各自のイスラームに対する姿勢に呼応して、ムスリムとしての自己の在り方は構築されることになる。

ムスリム第2世代について

この章の締め括りとして、ムスリム第2世代について少し触れたい。彼らの中には既に成人して就職している者もいる。もしかしたら第3世代が生まれているかもしれない。一方で、まだ小中学生といった就学児童である者もいる。彼らの生き方はムスリムである親の在り方に影響される。片親が外国人ムスリムの場合、親が母国で行っていた教義の実践がその子どもとなる第2世代にもそのまま受け継がれる。親が依拠しているイスラーム法学派によって教義の解釈も微妙に異なる上に、親の信仰心の度合いによって家庭ごとの考え方の違いも存在するため、子どもたちの間でもイスラームに対する考え方の相違が見られる。さらに片親が改宗者の場合、親となる改宗者の宗教に対する考えも、子どもたちのムスリムとしての生き方を左右することになる。無頓着ともいえるくらい全くイスラームについて興味がない親もいれば、ムスリムとしての自覚を育むために、小さい時からモスクで行われている子ども向けの教室に通わせ、自宅ではクルアーンを読み聞かせている改宗者の親もいる。

子どもの時分は、学校の友人たちや本人の家庭環境などに流されやすいこともあって、ムスリムとして生きたくないと話す子どももいる。そのような子どもたちがいたとしても、成人してからは真摯にイスラームを学ぶ時が出てくるかもしれない。またこれまで親から教わる通りにイスラーム的な生活を送り、模範的なムスリムとして育っていたとしても、ある時宗教教義そのものに疑問を持ち、イスラームから離れていく場合が出てくるかもしれない。したがって、第2世代となる子どもたちは、その時代ごとに複雑な生き方をする可能性を持っていることがいえる。故に、筆者は第2世代に対して一概に事例を挙げて考察することは差し控えている。もっと長期間で彼らを見ることが必要だからだ。

この章では日本人改宗ムスリムのムスリムとしての生き方を中心に話をすすめてきた。では、日本人ムスリムとは何なのか。もちろん、日本人として生まれ育ち、イスラームを自分の宗教として信仰している者であることは事実である。しかし、いくら信仰しているとはいえども、ムスリムとしての自己に対する意識には強弱がある。日本人ムスリム自身がムスリムとしての自分を受け入れていくその過程も千差万別である。

日本人改宗ムスリムについては、今回この章で取り上げた5名に限らず、彼らほぼ全員に共通したこととして一つ着目しなければならない点がある。それが外国人ムスリムの存在である。結婚を理由とする改宗はいわずもがな、自らイスラームを選んで改宗する日本人の中にもまた、留学先などで外国人ムスリムとの出会いを通してイスラームに触れて、改宗に至っている者が多いことである。そこで次の章では、外国人ムスリム、とりわけ多くの日本人改宗者とムスリム第2世代を誕生させるに至った、１９８０年代後半から１９９０年代初頭にかけて就労目的で来日したムスリムに焦点を当てていこう。

第4章　日本国内の外国人ムスリム

亡命タタール人

日本におけるイスラームの歴史に、外国人ムスリムは不可欠な存在であった。第2章でその歴史を概観したように、戦前の外国人ムスリムたちはイスラーム知識人が主流であり、日本の国策としての回教（イスラーム）政策を牽引して東京モスクを建設するなど日本のイスラームの基礎を築き上げた。また、1980年代後半の労働力として滞在した外国人ムスリムの存在は、結婚による日本人改宗者を生み出し、日本のイスラームを発展させた。そこで、本章では外国人ムスリムの日本における役割を明確にする。また1980年代後半以降に就労目的で来日した外国人ムスリムについては、彼らのムスリムとしての生き方を詳述する。

前述のように戦前の日本におけるイスラームの歴史を牽引したのは亡命タタール人である。タタール人は、どのようにして日本に移住したのであろうか。帝政ロシア時代、タタール人は商人としてロシア国内のみならず、ヨーロッパや満洲まで、厚手の毛織物で、軍服やコート地に使用されていたラシャ地の布を売りに行商に訪れていた。第一次世界大戦末期の１９１７年、ロシア革命が起こり、ソビエト社会主義共和国連邦が成立した。共産主義国家の成立によって民族運動に参加していたムスリムたちは独立の好機と思い、祖国へ帰還した者もいた。しかし彼らの土地がソ連の統治下に置かれると、独立運動に参加もしくは運動を支えていた人々は、社会主義政権から迫害を受けるようになった。日本に渡ってきたタタール人は、もともと行商で満洲に居た者や、ソ連統治下のもと弾圧を受けた者たちであった。彼らはハルビンや大連などを経由して日本に亡命した。

こうしたタタール人も含めて、いわゆるテュルク系と呼ばれるムスリムたちの中には、イスラーム知識人として日本に招聘《しょうへい》される者もいた。彼らの中でも、とくに日本のイスラームの基礎作りに貢献したのが、アブデュルレシト・イブラヒムとムハンマド・ガブドゥルハイ・クルバンガリーである。以下、彼らの日本での活動を見てみよう。

アブデュルレシト・イブラヒム

イブラヒムは、ユーラシア大陸におけるイスラーム世界の統一と協力をめざす汎イスラーム主義のタタール人ウラマー［イスラーム知識人］で、ジャーナリストでもあり、１９０９年に山岡光太郎とともにメッカ巡礼を行った人物でもある。山岡とのメッカ巡礼が実現できたのは、同年イブラヒムが来日したためであった。イブラヒムは１９０８年から翌年まで中央アジアからシベリア、満洲、日本を経て中国やインド、アラビア半島そしてトルコへと大旅行を行っていた。当時日本は日露戦争の勝利により中国大陸への進出の足掛かりを得た。また当時の日本製品は、満洲における帝政ロシアの商業を圧迫し衰退させていた。イブラヒムはこうした日本の動きが帝政ロシアに対する反体制運動に利用できないかと考え、それを模索するために来日した。また同時に日本側では、対ロシア政策のためにロシアに抵抗する民族、とりわけ中央アジアのムスリムたちに関心を示してい

東京回教礼拝堂落成式。当時の新聞記事によれば、イエメンから来日した国王の名代フセイン王子一行らが臨席したとある。撮影日：1938年5月12日

アブデュルレシト・イブラヒムの墓（筆者撮影）

た。そこで当時の陸軍参謀本部はイスラーム世界の情報収集のために山岡にメッカ巡礼の命を下した。故に、ここにイブラヒムと山岡とのメッカ巡礼が実現することになった。

この山岡とのメッカ巡礼の後、イブラヒムは大旅行を続けた。その後彼はトルコに滞在しイスラーム活動を行った。だが、トルコは1923年に共和制国家が建国され、世俗主義に移行していた。それ故、イブラヒムのイスラーム活動は反世俗主義とみなされて、トルコでは冷遇された。

だが1933年にイブラヒムは日本に招聘された。その理由は、彼のこれまでの活動における名声と評判によるものだけではなかった。日本が対ソ政策の中で満洲などのアジアにおけるイスラームを戦略的に重視するようになり、回教政策で使える人物を必要としたからである。こうしてイブラヒムは再来日することができた。だが、高齢だったこともあってか、すぐに特別な任務を受けることはなかった。というのも、政府は招聘したものの特にイブラヒムの待遇について定めていなかったのである。そのため彼を放置する状況がしばらく続くことになった。だが1938年5月12日の東京モスクの開堂によってイブラヒムはイマームとなった。以下に詳述するクルバンガリーの失脚と国外追放があったためである。なお、イブラヒムは1944年に日本で亡くなった。彼の遺体

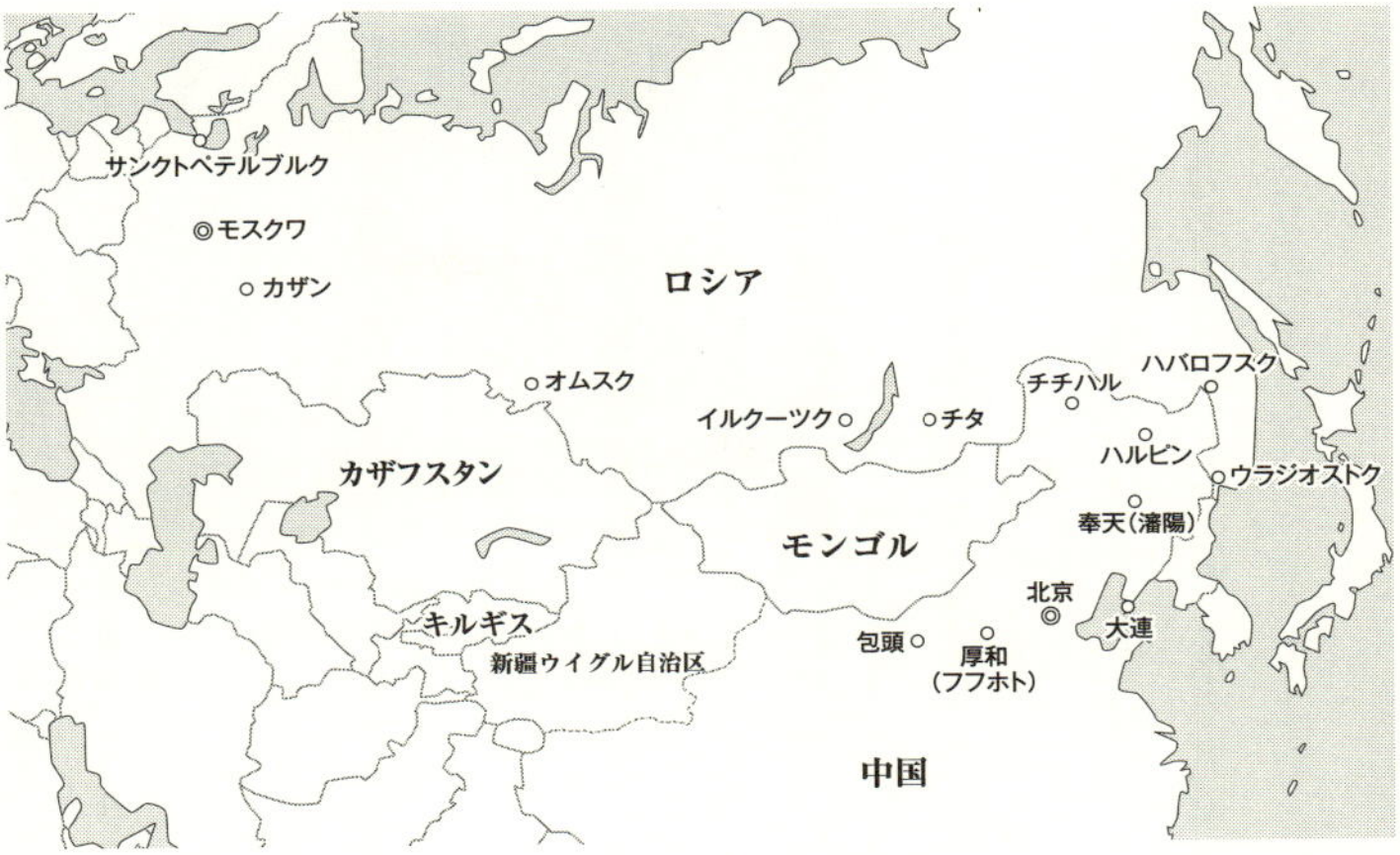

は東京・多磨霊園に埋葬された。

ムハンマド・ガブドゥルハイ・クルバンガリー

クルバンガリーは、反ソ連・民族自立活動をしている中で、日本軍との接触を経て1924年から東京に移り住み、日本の政治家や右翼団体などへの働きかけ、いわゆるロビー活動を行った人物である。

彼はバシュキール（バシュコルト）人で、裕福な家庭に生まれたという。

クルバンガリーが日本軍と接触するようになったのは、オムスクにあった反革命政府軍（ロシア革命に対抗する通称「白軍」と呼ばれていた軍隊）の活動に参加するようになってからである。当時、反革命政府軍はソ連軍の脅威に対抗するためにチタとイルクーツクに駐屯していた日本軍と折衝を行っていた。この時にクルバンガリーもその折衝に関わっていった。

クルバンガリー発行のクルアーン（真中）と外装ケース（右）、および印刷用文字盤（左）（東京ジャーミイ内の展示より、東京ジャーミイの許可を頂戴して筆者撮影）

その後クルバンガリーは満洲に渡り、１９２０年に初来日した。彼は満洲と東京を往復した後に満鉄調査部の嘱託となり、ソ連の民族問題の研究に従事した。

１９２４年、彼は活動の拠点を東京に移した。その後は日本国内でイスラーム関連の活動を精力的に行った。例えば、１９２５年に東京回教団を設立した。また１９２７年には東京回教学校を創立させ、亡命タタール人の子弟教育にあたっている。またタタール語月刊誌『ヤニ・ヤポン・モフビリ（新日本通報）』を創刊した。なおこの冊子はクルバンガリーが設立した東京回教印刷所によって刷られ、１９３３年から１９３８年まで東京回教団が発行した。さらに彼の息子であるアサード・クルバンアリーによれば、この冊子は世界42カ国に配布されたという（クルバンアリー１９９１）。

その後、彼は東京にモスクを建設するために政財界に働きかけ、これまでの人脈を利用して、当時の有力者を説得した。第2章で先述したように、彼は財界出身の非ムスリムから多額の寄付金を集めることができた。

在日タタール人の抗争

日本側の回教政策の思惑もあっての上だが、クルバンガリーの功績は、日本の政財界に働きかけてイスラーム学校やモスクなど日本国内に様々なイスラーム的な環境を開設したことにある。ただし彼は国内のタタール人を統率できなかった。クルバンガリーが1925年に設立した東京回教団は、在日タタール人をまとめる組織であった。だが、先述した『日本イスラーム史』には、クルバンガリーは政治力があったが、自己顕示欲が強く自由奔放に活動していたために、彼の態度がタタール人たちの反感を買うこととなったとある。

折しも1933年にアヤズ・イスハキー（1878年〜1954年）というタタール人の民族活動家が来日した。彼はこれまで反ソ連活動やテュルク系民族の解放運動を行っており、欧州に亡命していた。来日の目的は極東地域に逃れたタタール人の組織化を図るためであった。

イスハキーは文筆活動を行っていたこともあって、タタール人のあいだでは著名であった。それもあってか、多くのタタール人はクルバンガリーの東京回教団を去って、イスハキーのもとに集結した。そのことがクルバンガリーには気に食わなかったのだろう。この頃、在日タタール人同士の抗争が勃発した。それが1934年2月に起きた和泉橋倶楽部乱闘事件である。トルコ学者の大久保幸次が東京神田にあった和泉橋倶楽部で講演会を行った。会場には、イスハキーと仲間のタタール人が出席していた。そこにクルバンガリーとその仲間たちが乗り込んできて、イスハキーらを殴打したのである。

この事件の後に、イスハキーは「イデル・ウラル・トルコ・タタール文化協会」というタタール人の相互扶助ならびに親睦団体を、東京や名古屋などに設立した。クルバンガリー派に対抗するためであった。だが、両派には在日タタール人以外にも白系ロシア人（1917年の十一月革命後、国外に亡命したロシア人）や日本人、他地域出身のムスリムなど支持している団体や名士がそれぞれおり、対立を一層複雑なものにしたという（松長1999）。

日本側の方針転換

日本側は満洲におけるムスリム懐柔政策の必要性が増してきているのを痛感するようになっていた。日本はこれまでムスリムや各地における情報収集活動は行っていたが、回教政策に本腰を入れることはなかった。だが1936年の日独防共協定および1937年の日独伊三国防共協定の締結に伴うソ連との関係の悪化、盧溝橋事件による日中間の全面衝突がおきたことで、ムスリムが多く居住する満洲や中国西北部に対する政策、いわばムスリムを日本側につけることを政策として行う必要が出てきた。

当時クルバンガリーは東京モスクの開設のために、日本陸軍将校や右翼団体の大物らとの折衝に当たっていた。だがイスハキーの一件で在日タタール人との抗争が勃発したこともあって、国内のタタール人を統制する力がないと日本側から判断された。そこで、政府は既に日本に招聘されていたイブラヒムを東京回教団のトップにし、クルバンガリーを下ろすという方針に出た（松長2008）。東京モスクの開堂式直前の1938年5月5日に、クルバンガリーはスパイ容疑で警視庁に逮捕、拘留された。本来ならば強制退去であったが、クルバンガリーの知己らの働きによって、彼は国外への自由退去処分となった。同年6月14日に彼は日本を出国し、大連に身を寄せていた。しかし、ソ連軍が大連に進駐してきた際に捕らえられて懲役刑に服した。1955年に釈放されたものの彼は二度と日本の土を踏むことはなく、1972年にチェリャビンスクで死去した。

国家政策のためのイスラーム

戦前の日本のイスラームは、先述の亡命タタール人と、政府に招聘されたイスラーム知識人によって基礎が築かれていった。日本のイスラームの基礎といえば、神戸モスクや東京モスクの開設、そして山岡光太郎のような日本人改宗者の誕生である。だが東京モスク建設資金を寄付した人びとの名に見られるように、日本がイスラームを擁護したのは、回教政策という日本の国策を推進するという思惑が絡まってのことであった。

そのために日本は、イブラヒムやクルバンガリーら民族活動あるいは反共・反ソ活動に従事していた外国人ムスリムを利用することを考えた。

一方の外国人ムスリムにとっても、彼らを国内に受け入れて擁護した日本には何かしらの期待があったのだろう。タタール人は東京のみならず、名古屋や神戸などの日本各地に住んでいた。各地における彼らの存在が社会において肯定されていた証がいくつか見つかっている。そのうちの一つが、彼らが参集しコミュニケーションをとる場でもあるモスクの建設である。またタタール人の日本における生活は貧しいものだったが、それでも迫害されることなく生活することができた。タタール人たち亡命者を日本国内に受け入れて保護しているのであるから、そのような事実に鑑みて、亡命タタール人は日本に今後の人生の活路を見出していたのかもしれない。

だが、戦前の日本はあくまでも国家政策の一環としてイスラームを捉えていた。当時日本がイスラームを注視しているという海外の報道もあった。しかし、イスラームという宗教文化を受け入れているわけでは決してなかった。また日本が回教政策によってムスリムたちを招聘していることに対しては、海外では懸念を表明していた。例えば、当時からムスリムが多く居住していた現在の新疆《しんきょう》において、日本はオスマン帝国の最後のカリフを招聘してカリフ国家を樹立することを構想していた。あくまでも日本側としては、こうしたカリフ国家を実現したとしても満洲国と同じく日本の傀儡《かいらい》国家にしたことだろう。とりわけ、共和制を採用して世俗国家となったトルコにおいては、イスラーム主義的な活動を起こされても時代に見合っていないものとされ、日本への警戒を強めていたという（松長２００８）。

終戦以降、タタール人たちはテュルク系少数民族というその民族性から、トルコ国籍を取得することができた。そこで彼らの多くは日本を離れていった。その後の日本のイスラームは、第2章で述べたように、戦前戦中に改宗した日本人と、留学などの目的で滞日していた外国人ムスリムとの協働で、細々ながら国内の活動が行われていくこととなった。だが、その状況を覆したのは、就労目的で来日した外国人ムスリムの増加である。

1980年代後半からの外国人ムスリム労働者

これまでみてきたように、終戦以降、国をあげてイスラームを知るという取り組みは必要なくなった。だがその状況は1980年代後半に一変する。日本の好景気による人手不足が世界中に伝わると、就労目的で外国人が来日するようになった。その中にムスリムがいた。彼らの存在は、日本のイスラームを飛躍的に発展させることになった。彼らとの結婚によって日本人改宗者が増加し、また日本国内にムスリム第2世代が誕生することになったからだ。同時に、日本にムスリム家族が定着する中で、モスクなどのイスラーム的な環境が整備されていった。

だが外国人を受け入れるということは、地域社会に彼らの文化がもたらされることを意味する。つまり社会環境あるいは法的な制度を完備すれば良いという問題ではなく、地域社会が異文化に直面するため新たに流入した異質な伝統をどのように受け入れていくのかが問題となるからである。

この当時から、外国人労働者の問題は、同時に文化の問題でもあり、外国人労働者は、工場や企業の内部にのみならず、地域社会や学校にも存在していることが指摘されていた（梶田１９９４）。一度労働者を受け入れることは、彼らの文化を受け入れるということになる。文化の受け入れには、地域と外国人双方に寛容さがなくてはならない。ましてや、イスラームは文化である以前に宗教である。信仰心の厚い労働者であれば、一日５回の礼拝は欠かさず行う。また、歓送迎会など社内関

千葉県成田市の成田空港で入国を拒否され送還されるパキスタン人たち。撮影日：1988年12月28日

連の行事への参加も、彼らは躊躇《ちゅうちょ》することになる。宴会の席に招かれて飲酒を強要される、豚肉の入った食事を提供されるなど、他の外国人労働者ならば問題ないことが宗教教義上の理由で、ムスリム労働者には重大問題となるのだ。

なお参考として述べておくと、当時すべての日本人がイスラームに対して非寛容であったわけではない。1995年の筆者のフィールドノートによれば、例えば礼拝に関しては、社長にお願いをして休憩時間内に工場の片隅を借りて礼拝できるところもあったという。特に金曜昼間の集団礼拝においては3人以上集えば集団礼拝ができるので、近隣の工場に勤める者も誘ってわざわざ一カ所に集まって行うこともあったと、当時の調査協力者であったパキスタン人が述べていた。

ムスリム労働者については、彼らが日常生活を送る中で、先に触れたように日本人女性と出会い交際を経て結婚するケースが出て来たことも触れておかなければならない。

1990年代における外国人ムスリムたちの生活

当時彼らの多くは20~30歳代の男性であった。そんな彼らが自分の国を離れて、日本においてイスラームの教義をどのように守っていたのだろうか。筆者は、当時労働者として日本滞在していた外国人ムスリムを対象に、非イスラームの社会においてイスラームという宗教をどのように維持しているのか、フィールドワークを行った。その結果の一部を紹介しよう。なお、調査期間は199

5年秋から1996年秋までの1年間で、得られたデータを分析、考察したものである。51名に聞き取り調査を行っている。内訳は、イラン人10名、パキスタン人10名、バングラデシュ人9名、東南アジア地域（インドネシア、マレーシア、ミャンマー）4名、中東・北アフリカ地域（トルコ、エジプト、マグリブ地域）9名、その他9名となっている。対面で質問用紙を配布して、聞き取りも行った。主要言語は日本語および英語であるが、中には英語もたどたどしい人がいたので、その場合は紹介者（パキスタン人およびエジプト人）を介してインタビューを行った。

結論からいうと、彼らは母国だけでなく日本においてもイスラーム的な生活を守ることを特段問題にはしていなかった。それほどイスラームの教義に厳格ではない人びとが来日していたからであろうと推測できる。だが、実際はそれ以上に彼らが問題として抱えていたことが理由に挙げられる。それは、日本にどれだけ長く滞在して働くことができるのか、という滞日ビザに関する問題であった。

ビザの期限が切れても彼らは日本で働きたかった。為替差によって自分の国で働くよりも高収入となったからである。だが、入管法の規制強化などによって超過滞在者が雇われるには、職場に対して超過滞在であることを隠しておくか、あるいは日本人の配偶者を見つけて配偶者ビザを取得することが必要だった。

先述したように、当時働くために来日した外国人ムスリムは20~30歳代が主流で、自分たちの国においても未婚である者が多かった。国によっては、複数の妻を持つことも法的に許されているが、それは裕福な者のみができることであった。自国の女性と結婚するならば、相手の立場に見合った結婚資金が必要であるから、なかなか結婚できない男性がいた。そこで日本滞在中に、日本人女性と出会い結婚する者が出てきた。

例えば、当時30歳のエジプトから来たムスリムは短期ビザで日本に入国したが、ビザが切れる前に同じ国の友人や知人に日本人と結婚したいと積極的にアピールしていた。彼の出身国は多くの日本人にとって「千夜一夜物語（アラビアン・ナイト）」に出てくるようなエキゾチックなイメージが強いためだろうか、日本人女性がすぐに見つかって結婚することができたことを当時のエジプト人調査協力者から聞いている。

一方で悪いイメージが強い国の出身であるとなかなか相手が見つからずに苦労するようで、半ば諦めている人もいた。例えば、イラン人である。バブル経済が崩壊し、職にあぶれたイラン人が上野公園や代々木公園などでたむろしている光景が見られた当時、こうしたイラン人には偽造テレホンカードを売りさばく人がおり、マス・メディアでも度々そのことが報道されていた。中東系の人々が悪役で登場するというハリウッド作品などの映画での描かれ方も、観る人のイメージを助長した。また1990年代当時の国のイメージ（イラン・イラク戦争や、顔や手の甲以外全身を黒い布で隠す「チャドル」と呼ばれる服を着用する女性像など）や、地域住民とのコミュニケーションも乏しいこともあって、人々が「イラン」と聞くとあまり良い印象を持っていないことは事実であった（朝日新聞　1992年7月4日付「「イラン人が主婦襲う」偏見デマ走る　東京・中央線沿い」）。当時日本国内にいたイラン人もそのことを憂えていた。

事例1：イラン人　当時32歳（滞日歴：1995年当時6年9カ月）

彼は仕事をするために来日した。来日当初は建設現場の作業員であったが、いつの頃か仕事が激減し、今は会社の社長が所有している車の運転手をしている。だが数カ月後に彼は解雇されることが決まっている。解雇後のことは何も決まっておらず、当てが見つかっていないという。だが一方で、彼はイランに帰る意思はないとも話す。なぜかと筆者が聞くと、自分の国についてはあまり良い印象を持っているわけではないという。また彼は続けて、当時の政権（1979年から1989年まで最高指導者だったホメイニの政権）がイスラーム重視の厳しい政策を取っている、それが嫌だという。彼はかつてイラン・イラク戦争で将校用の車の運転手として従軍したこともあるが、この戦争によって自分が大学に行く機会を失ったとも述べている。またこの戦争によってイラン経済も悪化したのだと話した。とにかく自分の国が嫌いなのだ。

しかし、それだけではない。自分はムスリムになりたくてなったわけではないとも話した。だから最近では礼拝もしないし、豚肉も食べているという。筆者はこれほどまでに自分の国と宗教を否定する人を見たことがなかった。そこで更に聞いてみると、日本で「イラン人」というだけで相当の差別にあっているという。彼は、自分は超過滞在者で日本の法律を破っているかもしれないが、何も悪いことをしていない、周りの日本人に迷惑をかけないように生活をしている、それなのに

「イラン人」というだけで何か悪いことをしているのではないかと日本人から思われている。現に自分には日本人の友人がいない上、ニュース報道などで自分の国の人間が悪くいわれているから、大抵の日本人は自分たちのことを良くは思っていない、と述べていた。つまり、これまで自分の国で体験したことと、滞日中に「イラン人」というだけで受けた差別によって、自分の国と宗教を捨て去りたい気持ちになっているのである。

多くのイラン人でごった返す東京・代々木公園。撮影日：1993年1月31日

そんな彼は日本人女性との結婚を切望していた。理由を聞いてみた。既に30歳を過ぎ、自分の国では結婚できないからだと述べた。日本が異文化圏であることは十分にわかっている。その日本にいて日本人と結婚したいのならイスラームは自分の心で考えれば良いと思っているとも述べていた。その一方で、日本国内では日本人から偏見の目で見られていることを憂えている。それでも日本にいたいのは、日本社会がたとえイラン人を差別の目で見て、厳しい態度で接してきたとしても、まだ自分の国にいるよりはましだと思っているからだ。

筆者はこのイラン人が現在どうなっているのか知りたいと思い、コンタクトしようとした。もう20年以上も前に出会った人である。案の定、音信不通であった。恐らく日本には既にいないのだろう。ただ彼は当時のインタビューの最後にこう付け加えていっていた。「もしビザがもらえるのなら、日本の大学に入って日本語を勉強したい」と。

1980年代後半から1990年代にかけて、かなりの外国人労働者が日本人女性との結婚を望んでいた。日本で生活していく上で様々な出会いがあるし、また日本で継続して働きたいのなら日本人女性と結婚して配偶者ビザを取得することが、安定し、かつ継続して滞日できる一番の近道であることは自明の理だ。しかしながら、文化や価値観の違いがあって実際にはなかなかそうはうまくいかないことも多かった。このことは、当時の複数のインタビュー結果にも記されている。そのいくつかを見てみよう。

事例2：パキスタン人　当時25歳（滞日歴：1995年当時9年）

来日したのはお金を稼ぎたかったからだと彼は率直に述べた。先に兄弟が日本に来ていたこともあり、彼らを頼っての来日であった。当時プラスティックプレス加工の仕事をしていた。その3年前までは氷をカットする仕事をしていたが、腰を痛めた上に椎間板ヘルニアになってしまい入院したので辞めたという。会社では真面目に働いていたにもかかわらず、給与を支払われなかった。その上に入院となり、健康保険証を持っていなかったので約300万円を入院費用として支払わねばならなかったという。その時にパキスタン人や日本人の皆さんに大変にお世話になったとも述べた。当時の支援者の一人は今の彼女であるという。ただその彼女でさえも、イスラームを理解することには消極的で、戒律に則った生活をしなければならないのは絶対に嫌だといっているという。一方の彼はといえば日本語もうまく話せるし、日本人の生活習慣はよく知っている。彼は日本が自分の国と比べて色々な物に溢れていて自由な社会ではあるが、男女が自由に遊んでいて道徳的に乱れていると感じる。だから日本文化を受け入れることはできない、イスラームが一番良いと語る。また自分と彼女との考え方の違いはお互いの文化を譲れないところから来ており、心からイスラームに改宗してこの宗教を認めて欲しいと願っている。

事例3：パキスタン人　当時28歳（滞日歴：1995年当時7年）

日本には働くために来た。多くのパキスタン人はビザを持っていないが、自分は就労ビザを持っている。ただし、2、3カ月後に更新しなければならない。今働いている会社にずっと勤めるつもりなら、社長が保証人となって色々と身分の保証をしてくれるが、自分で会社を興したいと考えているので、いずれは今の会社を辞めることになる。来日する以前は、アメリカに2カ月ほど滞在していた。それは親戚がニューヨークにいたからで、何かチャンスをつかめるかと思っていた。だが、なかなか良い機会に巡り合わず、何もせず旅行ばかりしていたので日本にやって来た。日本に来てからも1日5回の礼拝や豚肉を食べないなどイスラームの教義を守っているが、飲酒はするようになったと述べる。その理由を聞くと、会社の社長が「無礼講だ」といって飲めないのに無理やり飲ませ、そんなことが何度か続いたので今は習慣になってしまったという。日本人の女性とは付き合いたいが誰とも付き合っていない。というのは、もし結婚することになったら、相手がイスラームを理解しているかどうか気になるからだという。また相手となる女性にはイスラームに改宗してほしいのだが、心から納得してからでないといけないと考えている。現状において日本人は欧米の社会文化を好む傾向が強いので、自分の文化（イスラーム）をあまり良い目で見ていない、それもまた気になっているので先に進むことができないと述べている。

改宗に至らなくとも、イスラームに理解を示す日本人がまわりにいると、文化や価値観の違いよりもむしろ超過滞在といったビザの問題が顕著になるようである。事例を挙げてみよう。

事例4：パキスタン人　当時35歳（滞日歴：1995年当時9年）

20歳の時に日本に初めて来た。その後何度か日本とパキスタンを往復した。最初は日本に来て日本語を勉強した。その後日本でビジネスをしようと、インド料理レストランを友人と共同経営で始めた。だがうまくいかず、店をたたんで現在はお金を貯めるために工場勤務をしている。将来は日本人女性と結婚して、もし自分の仕事を興して成功したならば、日本に住み続けたい。

現在交際している日本人女性がいるが、彼女はイスラームのことをよく知っている。また自分には日本人の友人もたくさんいる。だから、自分は日本の文化はよくわからないけれども、彼らが教えてくれるし、異文化が原因となったもめ事は経験していない。当面の自分の問題はビザの問題である。日本は法律違反の人びとには厳しく、自由というものが保障されていない。だから、自分にとって異文化理解は全く問題になっていない。

なお、以上の3名のパキスタン人のうち最初の1名はこのインタビューの2年後にはパキスタンに戻り、地元の女性と結婚したことを当時の調査協力者から知った。残りの2名もこのインタビューの後しばらくして帰国したことを聞いている。

日本は彼らにとって住みやすい国ではあるのだろう。だが法規制の厳格さが足かせとなり、結果として帰国する者も多い。またたとえ日本人女性と結婚して配偶者ビザを取得できたとしても、日本に留まらずに自分の国に家族とともに帰国するか、あるいは数年後に離婚してしまうケースも見られる。もし配偶者ビザを取得したとしても家族の中でイスラームという宗教文化をどのように理解していくのかが問題となってくるからである。

ただこの時期の外国人労働者における問題は、宗教文化よりも、むしろ彼らがいかに日本で生きていくのかということにあった。当時の外国人労働者たちにとって、日本でできるだけ長く安心して生活することが切実であったことを、我々は認識しなければならない。だからこそ、配偶者ビザを取得するために日本人と結婚するという彼らの割り切った考えは、ごく当たり前の選択肢であったといえるだろう。一方の日本人女性側もまた、誰も付き合っている相手がいないなら外国人でも良い、あるいは外国人と結婚したら、エキゾチックな風貌の可愛い子どもができる、などと安易な気持ちで付き合っていたのかもしれない。

筆者は今でも覚えていることがある。この調査結果を見て、その当時調査協力者であった外国人ムスリムに、何故これほど日本人女性と結婚したいのか、交際している女性たちもイスラームをなかなか理解しようとしないし、相手と文化や価値観が違うとインタビューを受けた本人たちもいってはいるではないか。それでは結婚してもうまくいかない、と尋ねた。すると、その調査協力者は「(文化や価値観がたとえ違っても日本人女性と結婚するという)そんな(考えの)外国人、結構多いよ」とだけ述べた。

もちろん、彼らも自分の国の女性と結婚したいという気持ちがあるかもしれない。だが、マフルを支払えるほどの私財を貯めなければ結婚できない。では、日本人女性はマフルを要求しないから選択肢に上がったのか、安上がりだからよいのか、それとも単純にビザのためだけなのか。

ただ日本にいて働きたいだけなら、将来の配偶者となる日本人女性がイスラームを知らなくとも良いのではないか。だが外国人ムスリムたちは日本人配偶者とのイスラーム的な生活を諦めるかといえば、決してそうとは言い切れない。なぜならイスラームは彼らの宗教であり、文化であり、彼らの人生を支える指針でもあるからだ。事例を挙げてみよう。

事例5：エジプト人　当時30歳（滞日歴：1995年当時5年）

日本には働きに来た。来日する前は、日本のことは経済以外全く知らなかった。現在、独身で、日本人女性と結婚したいという願望が強くある。だから日本人とのコミュニケーションを円滑にするために、公民館で無料で行われている日本語教室に通っている。配偶者となる女性には、必ずイスラームに改宗してもらう。なぜなら自分はムスリムだからだ。日本人は宗教に対して曖昧であり、イスラームと聞いただけで嫌がる人もいることは知っている。だが、イスラームを嫌がる理由がよくわからない。

事例5のムスリムの「イスラームを嫌がる理由がよくわからない」という言葉に、ムスリムが日本人の宗教観を理解することの難しさを筆者は感じた。というのは、金曜礼拝時のフトバ［説教］

やダアワ［布教］活動をしている時はさることながら、彼らに対する通常のインタビューであってもムスリムたちは時々イスラームの良さを語ることがある。ムスリムたちはイスラームという宗教が完璧で最強の宗教であると常に考えているからだ。もちろん、事例1のイラン人のように、好きでムスリムになったわけではないと述べる者もいる。しかし、だからといってそのイラン人でさえも、イスラームを完全に放棄するまでには至らない。

結局のところ、イスラームは自らの宗教であるので捨てるつもりは毛頭なく、自分の宗教の教義上、配偶者となる日本人女性には必ずムスリムになってもらうことだけは譲れない。たとえ日本人女性が結婚の条件と捉えて形だけの改宗であったとしても、男性側はムスリムとなったからにはイスラームを受け入れたと捉えるだろう。それだけ家族となる人物にはイスラーム的な要素を求めている。一方で彼ら自身は、イスラーム的な生活もさることながら、安心して働きたい、自分のやりたいことを日本で実現したい、その思いもまた強いことも同時にいえる。

筆者としては、その気持ちはわからなくもなかった。彼らだって人間だから、自分の考えを中心にして感情で動くことがあるのは当然だ。しかしながら、彼らのやり方は日本人女性を利用しているだけとも捉えられかねない。そうした行動は、非ムスリムの人々にムスリムの倫理観（あるいは道徳観）が何であるのかを、誤解させることになるだろう。また非ムスリムが抱えるイスラームに対する印象もさらに悪くなるだけである。結婚したら配偶者を道具のように考えるのでなく、自分の家族の一員として、また一人の人間として大切にしてほしい、当時筆者はインタビューするたびに、そう願うばかりであった。

なお余談ではあるが、筆者が当時のフィールドワークを記したノートを見返しながら、外国人ムスリムへのインタビュー結果を再度分析して気づいたことがある。それは、ムスリムの結婚観は日本人女性が夢に描いているような愛が中心となったものというよりはむしろ、単純に「契約」であるという考えに基づいているのではという疑問である。またそうであるならば、これが価値観の違いであり、また文化としての違いであるとも思った。

外国人ムスリムの存在がもたらす課題

この1980年代後半からの労働力として滞日した外国人ムスリムの存在は一体何を意味するのだろうか。外国人ムスリムは常に、イスラーム的な生活も考えながら、ビザについても考えている。ただどちらかといえば、ビザについての問題が彼らにとって最優先課題であったのだろう。それは長期間に亘って合法的に滞日することのできるビザの取得・保持が極めて現実的な問題だったからだ。滞日ムスリムの存在は日本人改宗者を増やし、ムスリム第2世代が誕生することに貢献した。また日本各地に彼らが居住することで、およそイスラームとは縁がなかった地方都市においても、モスクやムサッラー（簡易礼拝室のこと）の開設にも貢献することとなった。いわば、日本のイスラームを発展させたというポジティブな見方をすることができる。

だが一方で、ビザ取得という現実的な課題を解決するためだけに、日本人女性と結婚するという選択肢をとった人がいるということもまた指摘できる。これをどう捉えるのかは、様々な視点から判断しなければならない。彼らの存在があり、彼らと出会ったからこそ、多くの日本人とイスラームが出会うことができた。これによって多くの一般市民に対してイスラームが知られるようになったことは、疑いの余地はない。その点では、一見するとイスラームという異文化理解が進んだかのように思える。しかしながら、日本人女性と結婚することはしょせんビザ目当ての結婚だ、などという憶測がいわれることにもつながる。こうした彼らの行為は全くイスラームとは関係ないのだが、ムスリムが起こした行動であるために、イスラームそれ自体が悪くいわれる可能性を招くことになる。

2018年時点の外国人ムスリムについて

この章の締め括りとして、現在の外国人ムスリムについて取り上げてみよう。2018年までの法務省の統計を基に、現在の日本の外国人ムスリム人口を算出してみると、約12～13万人である。事実、外国人ムスリムはかつてのような就労目的で滞日するムスリムばかりではなくなった。近年、技能実習生のみならず、ムスリム留学生が増えていることもあって、着実に日本国内のムスリム人口は増えている（第2章の図表1、2および次ページの図表5）。その多くはインドネシアやマレーシアから来ている人びとである。だが留学生のような短中期的な滞日ムスリムを入れても日本のムスリム人口は日本の総人口の1％にも届かない。

ムスリム留学生数の増加に加えて、日本政府が観光立国における政策を推進していることもあって、訪日外国人観光客数は近年増加している。もちろん、ムスリム観光客数も増えている。主にインドネシアおよびマレーシアからの観光客の姿を見ることができる（次ページの図表6）。そこで、彼らへの「おもてなし」対応として、ハラール食を提供できるレストランが大都市の観光地で見られるようになった。また観光施設やターミナル駅などでも簡易礼拝室が設置されるようになった。同時に、観光地に近いモスクにはこうした訪日ムスリム観光客が礼拝もかねて見学に訪れる姿も見られる。東京や大阪などの大都市に限らず、京都や富士山のような世界的に有名な観光地では、女性ムスリムの象徴でもあるスカーフを着用した女性を含んだグループの姿を見かけるようになった。

日本にいる外国人ムスリムは、こうした観光目的で日本を訪れるムスリムも入れると、実に多様化しているといえる。だが、日本のイスラームを本質的に変えていくのは長期的に滞在する可能性の高い労働者たちである。それはこれまでに述べた歴史が証明している。

そして2019年4月から外国人材を受け入れる新しい政策が始まった。そもそもこの政策が導入されたのは、現代の日本における深刻な社会問題である少子高齢化が一つの要因である。建設現場や工場などの製造業、あるいは農業漁業のような第1次産業などの特定の職種では、慢性的な人手不足が生じている。そこで特定の職種において外国人材の受け入れが始まったのである。合法化

図表5　イスラーム圏からの留学生数

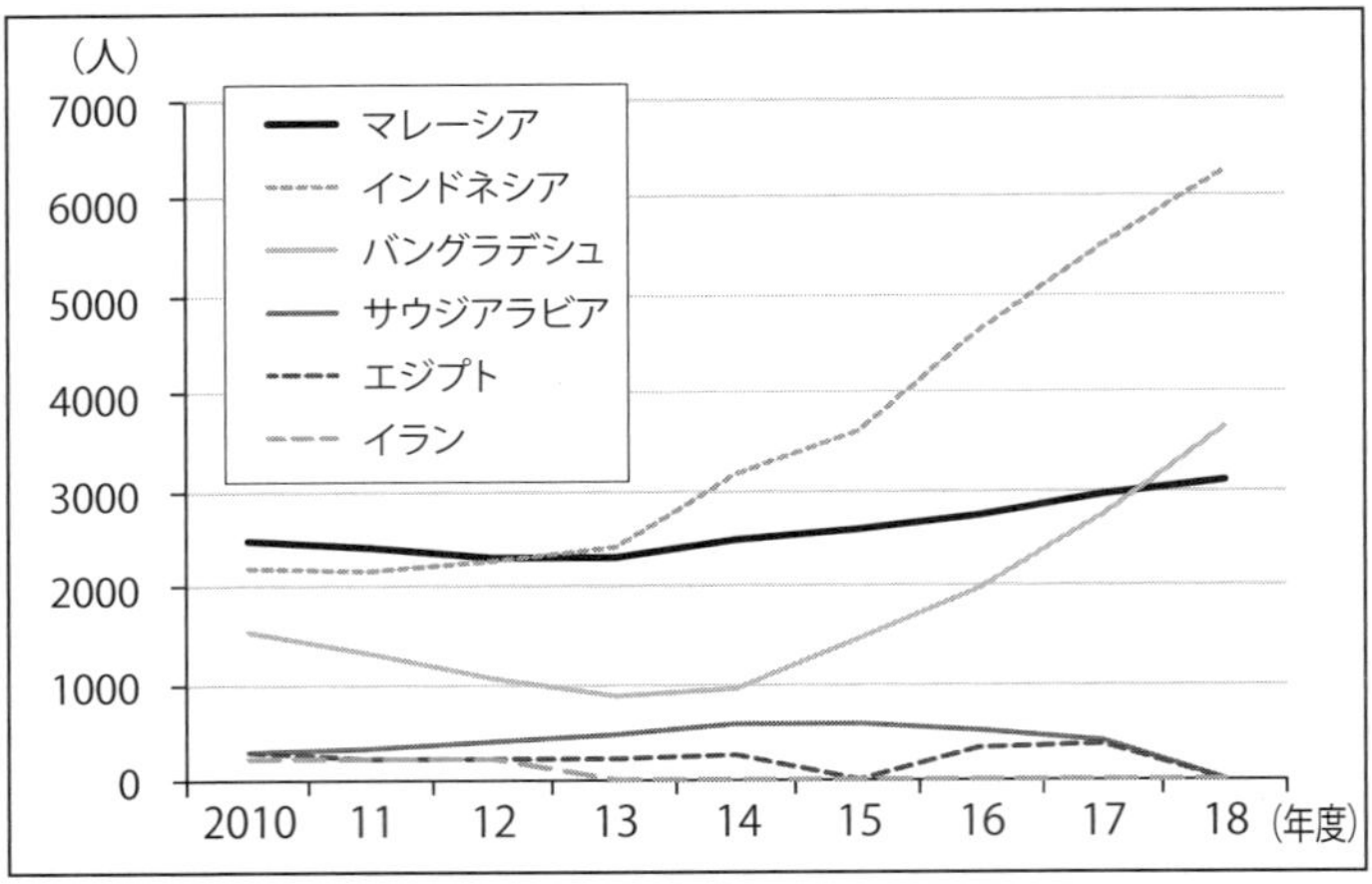

出典：日本学生支援機構の統計より、筆者作成
（2015年度にはアフガニスタンから308名が、2018年度にはパキスタンから397名が留学生数として統計表に上がっている）

図表6　マレーシアおよびインドネシアからの訪日外客数

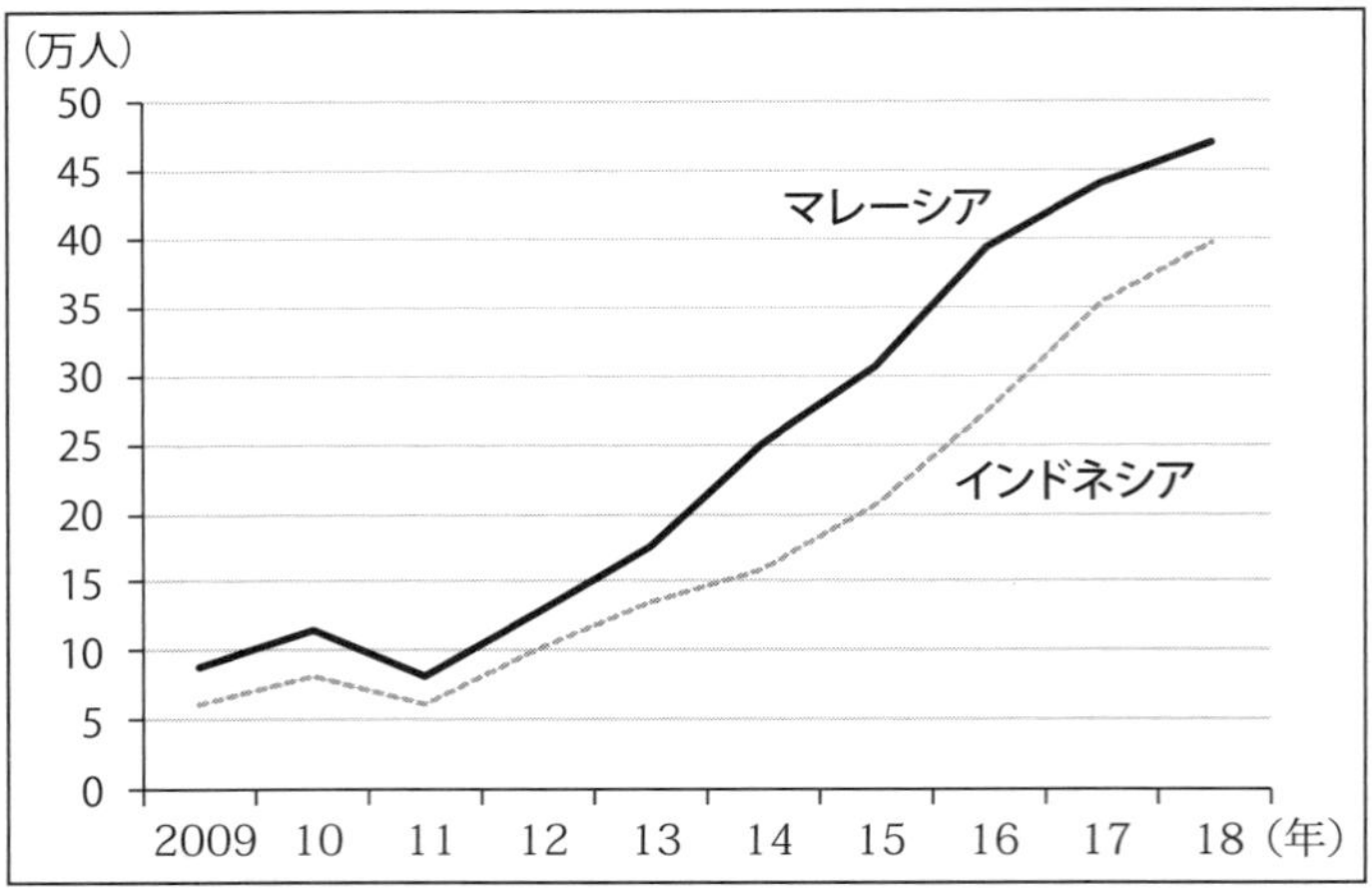

出典：JNTO日本政府観光局「訪日外客数」統計資料より、筆者作成

されたビザが発給されるとはいえ、就労ビザを得るための条件は厳しい。バブル期の頃と同様に不法滞在する外国人労働者たちが増えないか疑問が生じる。技能実習制度を利用して、外国人を実習生として雇用する動きが見られるようになった今でも、外国人労働者の中には、かつてのように短期滞在ビザで来日し、そのまま超過滞在者となっているケースもまだ発生している。結局のところ、新たな受入れ対策を制度化したところで、その制度を利用できない外国人たちは、なんとかして日本で就労できる道を探ることになるだろう。

つまり、合法的にかつ長期に亘って働くことのできるビザの問題は、現在においても常に外国人労働者の課題となっていることに疑いの余地はないのである。現に、筆者はフィールドワークの中で、日本のある制度をうまく利用して合法ビザを取得し得々としている外国人ムスリムと出会った。

そこで次の章では、新たに始まった外国人材受入れ政策に触れるとともに、現在の外国人労働者問題ともいうべき「難民ビザ」について取り上げていこう。

第5章　外国人ムスリムと「難民ビザ」

外国人材受入れ政策

２０１９年４月から外国人材受入れ政策が施行されている。もともとこの政策は日本国内の特定業種における人手不足を補うことが目的だが、果たして日本政府の思惑通りに外国人材が雇用されて制度が運用されるのだろうか。またこうした外国人材を受け入れる地域での対策はどのように進んでいるのだろうか。

地方自治体の中には、受け入れた外国人の生活支援や報酬などの処遇に懸念を示しているところもある（京都新聞２０１９年2月13日付「外国人受け入れ　政府は具体策を早急に」、中国新聞２０１９年2月13日付「外国人雇用拡大　現場の懸念まず解消を」、山梨日日新聞２０１９年2月11日付「外国人処遇7割が懸念　県内市町村生活支援、報酬に課題　就労拡大」など）。また各都道府県の最低賃金に差があるために、地方の企業には、これまで働いていた実習生が東京などの最低賃金の高い地域に行ってしまうという懸念も噴出している。なお、２０１９年度における東京都の最低賃金は1013円で、最高額である。それに対して日本で最も低い賃金は、福岡県を除く九州地方や沖縄県、中国・四国地方、東北地方などの複数の県における790円という金額である。約200円の差が出ている。地域の物価の差を考慮に入れずに、この差を一日8時間、1カ月22日勤務として年に換算すると、約42万円の差となる。したがって、親元に少しでも多くの金銭を仕送りしたい外国人労働者としては、当然のことながら時給の高い地域で働きたいという気持ちを抱くだろう。また朝日新聞デジタル2018年12月26日配信記事（「東北で塩辛作っていた人が東京へ」外国人材流出に懸念）も、日本各地の最低賃金の差が地方の人手不足を助長するのではないかという雇用主の不安を浮き彫りにしている。

ただ外国人材受入れ政策の施行は既に始まっている。現状では問題が起きたら、各自治体がその都度対処するような方法で動かざるを得ないといえる。

例えば、日本語教育が挙げられる。新聞報道などによれば、受け入れ側の企業は、政府が日本語教育についてきちんと対応していないことに不安を持っている（毎日新聞2018年11月19日付「就労外国人　日本語教育　政府の態勢は心もとない」）。また一方で、日本政府は介護分野の技能実習生の日本語要件を緩和する方針を固めている（毎日新聞2019年2月23日付「外国人労働者日本語要件、緩和　介護の技能実習生　政府方針」）。

だが職場によっては高いレベルの日本語運用能力を問われることもある。例えば、老人介護のような常に日本人とコミュニケーションを取らざるを得ない業種であればあるほど、高い日本語運用能力が問われることとなる。また高度な日本語運用能力がそれほど必要とされない業種、例えば製造業においてさえも、日程指示や作業工程の確認のために通訳的な存在が必要となる。さらに、特定技能のビザでは家族の呼び寄せが可能となる。呼び寄せた家族は全く日本語ができない場合がある。買い物やゴミ出しなど日常生活にも問題が生じる可能性があり、地域社会が対応しなければならなくなる。例えば、今や中華街と化している埼玉県の西川口駅前の飲食街や、同県川口市の芝園団地の事例がそれに当たる。

だが日本語運用だけの問題でもない。外国人が地域に住むということは彼らの宗教文化も地域社会にもたらされることになる。先述したように、ムスリム労働者やムスリム留学生の増加により、地域社会にモスクができるようになったのが好例である。外国人受け入れに関わる制度設定や異文化理解の課題はまさに地方自治体や地域住民に丸投げされている状態ともいえるだろう。では、如何に対応するべきだろうか。

この課題については、本書を執筆している時点が、まだ受け入れ間もない時期であることもあって、実際に地域のもめ事が社会問題として発展しない限り、将来の予測として書かざるを得ない。ただ第4章でも述べたように、バブル経済で日本社会が活況を呈した1980年代から崩壊後の1990年代に、外国人労働者に関する同様の問題が噴出した。今回の受入れ政策においても、また似たような問題が多く噴出すると予測できる。では、過去において外国人労働者をめぐる問題はどのようなものだったのか、まず法整備の点から再確認していこう。

1980年代〜1990年代における外国人労働者問題

1980年代後半からバブル経済によって、日本は好景気に入った。もちろん就労のために来日したのだから、こうした就労目的の外国人は日本社会では「出稼ぎ労働者」とみなされていた。当時出版された書籍には、外国人労働者は「短期滞在か長期滞在か」と議論されていた。また当時の外国人労働者の主流は、中国人や韓国人、フィリピン人などのアジア系であった。

ところが、1989年12月（1990年6月1日施行）に入管法が大幅に改正され、在留資格の整備と不法就労者対策の強化が行われた。これまで外国人労働者受け入れに関する最大の問題点は、単純労働現場の労働者の大半が不法就労者であったためだ（島田1994）。またこの改正において日系人の位置づけも明確になった。日系人の場合、法改正前には日系2世は「日本人の配偶者又は子」という扱いが可能であった。だが日系3世の場合、祖父母が日本国籍を有していることを本国で立証することが難しいために、彼らの位置づけが不明確であった。そこで彼らの日本での立場を明確にするために、この改正法によって「定住者」という就労制限のない在留資格ビザが創設された。その結果、群馬県太田市や愛知県豊田市などの工業団地周辺に日系人コミュニティが出来上がることとなった。

さらにこの改正入管法では、当時制度としてあった「研修生」の受け入れを大幅に緩和し、中小

ビザが必要になる前に大挙来日、入国審査書類に記入するパキスタン人ら。撮影日：1989年1月12日

零細企業でも研修生の受け入れを可能にした。それまでは公的機関の研修活動や海外展開をしている企業が、国や公共団体の援助と指導の下に行っていた研修に参加する場合などに限られていたからだ。これにより慢性的な人手不足にあった企業は、研修生への関心を高めた。

またこの改正で、不法就労の外国人のみならず、その雇い主である企業にも罰則が科せられることとなった。つまり、不法就労を取り締まるために、厳罰化の傾向に向かった。罰則が強化されることによって、合法ビザを取得している外国人労働者が必要となった。ところが、ほぼ同時期にバブル経済が崩壊した。多くの外国人労働者は失業し、前章でも触れたように、東京の代々木公園や上野公園にイラン人がたむろしている光景がみられるようになった。

外国人労働者の受け入れを法改正の視点から

簡単に概観すると、１９９０年以降日本は、専門性が高く技術力を持った高度な人材を育成することを名目にして、実際は日本人の若者が就きたがらない、人手不足の続く業種、例えば農業や水産業などの第1次産業や製造業あるいは夜勤を伴い重労働となる看護師・介護福祉士などの業種に外国人材を合法的に受け入れる政策を行ってきたといえる。例えば、１９９３年に技能実習制度が創設された。これはそれまであった研修生制度と同様に、外国人労働者に対して研修修了後は技能実習の名の下に事実上の労働者として実務を経験させるというものである。また２００８年から、ＥＰＡ（経済連携協定）による看護師・介護福祉士候補生の受け入れが開始されることとなった。最初にインドネシア（２００８年7月1日発効、２００８年度から受け入れ）、次いでフィリピン（２００８年12月11日発効、２００９年度から受け入れ）との協定を結んで、候補生を受け入れてきた。

２０１９年4月施行の外国人材受入れ政策は、多くの日本人が嫌がる、建設現場や工場労働など、低賃金で待遇の悪い、人手不足の続く業種において、人材不足を補うことが目的である。その多くが単純労働と呼ばれる職種だ。つまり今回の政策は単純労働者の受け入れとなる。こうした単純労働者として来日する人物は、自分の国において本人が失業中か、納得のいく仕事に就けなかったか、あるいは家族（とくに父親）が金銭などの問題を抱えている人たちでもある。自分の国では働く場所がない上に大金を稼げない、だからこそ、家族と離れてまでわざわざ言葉の通じない日本に働きにくるのである。

単純労働者は1980年代から常に求められていた。今回初めて単純労働力としての外国人材を受け入れるために法改正が行われた。だが、改正法によってこれまでの不法就労がかえって助長されることになるのではないかという疑問が生じる。こうした就労目的で滞日する外国人労働者たちは常に合法的に就労すること、つまり就労ビザの取得が悩みの種となる。だからこそ、最も手っ取り早くかつ日本で長期間滞在することのできるビザを取得しようとする。そこで法制度の盲点を突いて合法的に長期に亘って滞在する方法が現れた。それが外国人労働者の間でいわれている「難民ビザ」である。

「難民」とは

「難民ビザ」の話を進める前に「難民」とは何か、その定義について改めてみていこう。法務省出入国在留管理庁のホームページに掲載されている「難民」の定義によれば、

難民条約第1条又は議定書第1条の規定により定義される難民を意味し、それは、人種、宗教、国籍、特定の社会的集団の構成員であること又は政治的意見を理由として迫害を受けるおそれがあるという十分に理由のある恐怖を有するために国籍国の外にいる者であって、その国籍国の保護を受けることができないか又はそれを望まない者

とある。また難民認定手続について同庁によれば、「外国人がこの難民の地位に該当するかどうかを審査し決定する手続」であるとしている。

また、ＵＮＨＣＲ（国連難民高等弁務官事務所）のホームページによれば、難民について以下のように記している。

１９５１年の「難民の地位に関する条約」では、「人種、宗教、国籍、政治的意見やまたは特定の社会集団に属するなどの理由で、自国にいると迫害を受けるかあるいは迫害を受けるおそれがあるために他国に逃れた」人々と定義されている。

またＵＮＨＣＲによれば、今日、難民とは、政治的な迫害の他、武力紛争や人権侵害などを逃れるために国境を越えて他国に庇護を求めた人々を指すようになっていると述べている。また続けて、紛争などによって住み慣れた家を追われたが、国内にとどまっているかあるいは国境を越えずに避難生活を送っている「国内避難民」も近年増加していることも考えねばならない。このような人びとも、難民と同様に外部からの援助なしには生活できないからである。適切な援助が実施できなかった場合、これらの人びとは国境を越えて難民となり、結局、受け入れ国となる政府そして国際社

**図表7　日本における難民認定申請者数の推移
（2009年～2018年）**

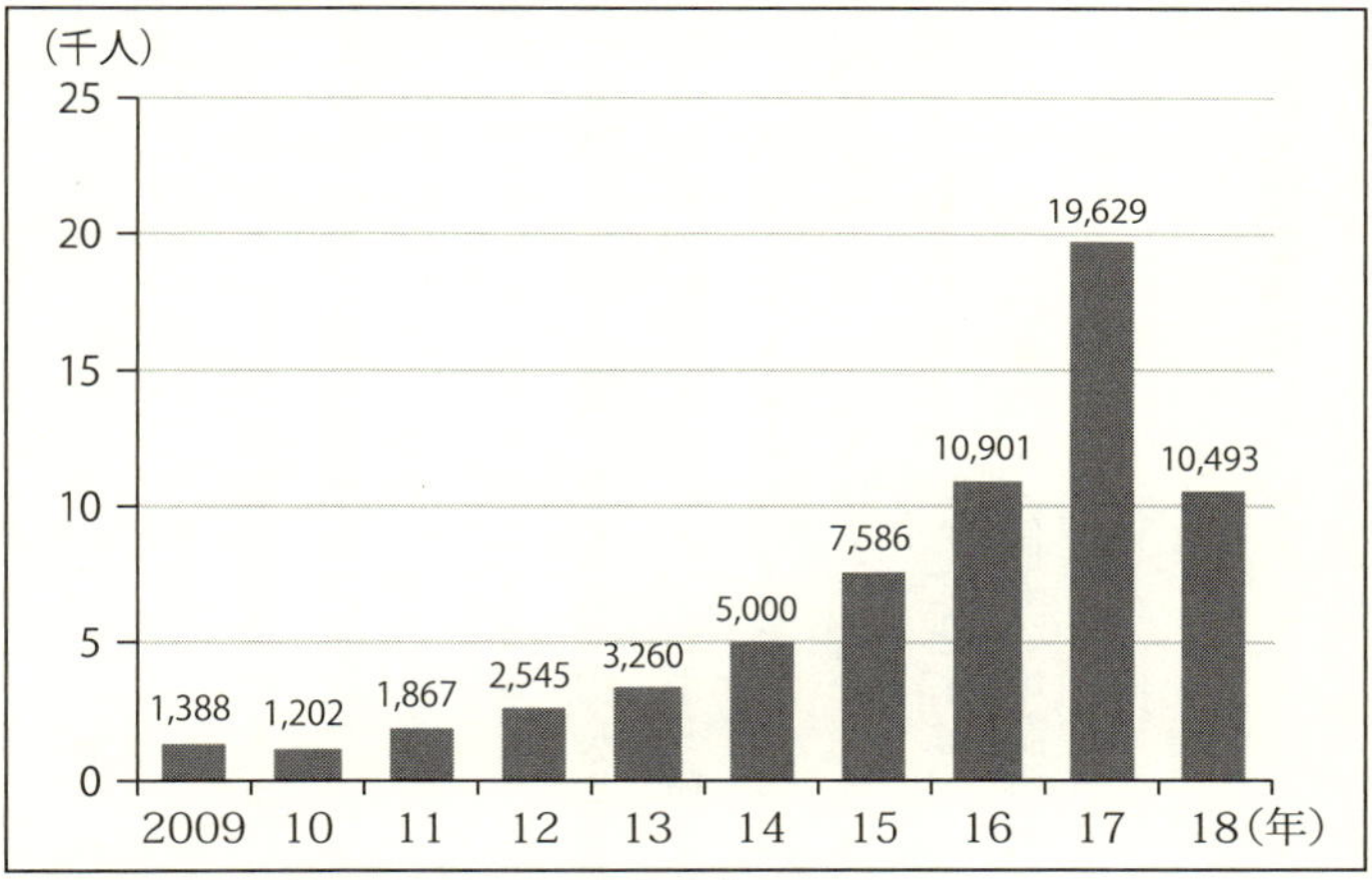

出典：法務省入国管理局のデータより筆者作成

図表8　日本における国別難民認定申請者数の推移

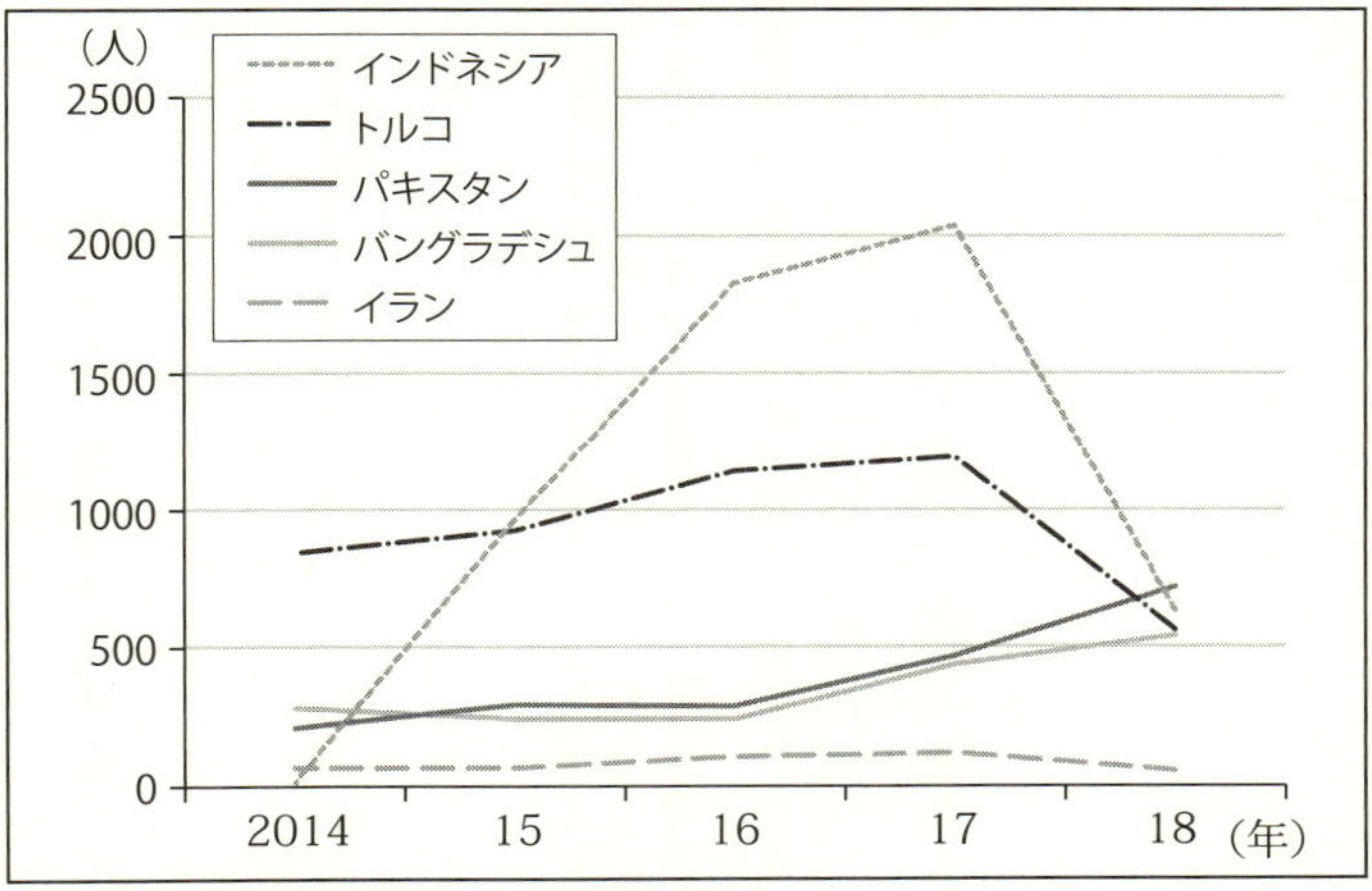

出典：法務省入国管理局のデータより筆者作成

会は、より重い負担を強いられることになる。

そもそも日本では難民を積極的には受け入れていない。その一方で近年、難民認定を申請する外国人は急激に増加している（図表7）。

実際に、２０１６年には難民申請は1万件を突破して1万９０１人となった。また２０１７年には、過去最高の1万９６２９人に達した。しかしながら、実際難民として認定されているのはこれまで各年20～30人程度に過ぎない。申請者に付与する在留資格の運用を見直した２０１８年には申請者数が1万４９３人と前年よりは減少したものの、1万人を超えたままであった。なお同年、日本政府が難民として認定した人数は42人と申請者数の１％にも満たなかった。

申請者の出身国を見てみると、およそ紛争で住む場所を追われて海外に出るしか他に避難場所がないような国でもなく、どちらかといえばなぜ難民認定申請をするのか、その理由が明確に判断しかねる国々から来ている人びとである（具体的な国名は、P155を参照）。もちろん家族の中に反政府的な活動をした者がいたことにより、家族全員が迫害を受ける結果となって国外へ避難を余儀なくされるケースもある。個々の申請事案については詳しく調査される必要があるのは当然だ。

では、どのように難民認定が申請され、受理されていくのだろうか。

日本の難民認定申請について

難民として認定される場合、まず難民認定を受けたい人物が直接日本国内の入管に出向いて申請を行う。入管はその申請事由について申請者の国の状況も考慮に入れて入念に審査を行っていく。この審査期間中、人道的配慮から申請者は日本国内に留まることになる。２０１６年以降、申請者が1万人を突破していることもあって審査に時間がかかっている。申請者は日本に一時滞在せねばならないが、滞在費は自分で支払うよう求められる。そこで職種は限定されるが国内で就労できるビザが日本政府から与えられる。それが6カ月間の「特定活動」ビザである。これが「難民ビザ」の正体である。外国人労働者たちがよく口にする「難民ビザ」というビザはもとから存在しない。彼らの間で呼び名として使われているだけである。申請者は与えられたビザに記載されている期間中に、指定された業種でのみ働くことができる。言い換えれば、合法的に滞在して働くことができるようになるのだ。6カ月後にビザが切れるので入管に行く。却下された場合は、不服申し立て（法務省のホームページによれば「審査請求」）ができる。その場合は、特定活動ビザが延長される。その後は難民認定申請が却下される度に不服申し立てができる。複数回申請できるが、最多の複数回申請者であっても5回目までである。つまり「難民ビザ」は最長では2年半の滞在期間となる。（筆者注：但し、２０１９年4月に「特定技能」の在留資格が創設されたので、申請者および複数回申請者それぞれの数は今後少なくなるだろう）。

申請者が難民として認められると、正式にビザが発行される。ビザは「定住者」という種類になる。また申請事由に不備があってそれ自体が却下されたとしても、申請者の国が戦争状態などでその者を送還した場合に生命を奪われる恐れがあると人道的な配慮から判断された時は、特別に滞在が認められる場合もある。この場合、在留における特別許可証が下りる。

これまで難民認定を申請するのが最も多かったのは、技能実習生あるいは日本語学校の学生であった。技能実習生は5年間のビザ（2017年11月1日に施行された技能実習法以前は3年間のビザ）が与えられている。実習生の中には、実習期間が終了しても日本国内で働きたいという意思を持つ者がいる。だが、大学を卒業していること、などの就労ビザの取得要件をクリアしなければそのまま本国に帰国という経過をたどった。また実習期間中は、仲介者（ブローカー）への支払いや生活費など諸々の経費を給与から引かれることもあって、手元に残る給与はごくわずかである。希望の額まで稼がないと自分の国に帰ることができないと考えてのことだろう。難民認定申請をする者が出てきた。

日本語学校などの留学生については、週28時間のアルバイトが認められている。しかしながら、彼らが抱えている問題は深刻である。多額の借金をしていることや、日本での生活費を稼がなければならないこともあり、週28時間のアルバイトでは補いきれないのが実情だからだ。このような、留学のために本国で多額の借金をして来日する学生が進学あるいは就職できなかった場合、入管に赴いて難民として認定を申請する事例もこれまでにあった。

この難民認定申請について申請内容は様々であるが、法務省のホームページによれば、以下のようにその申立内容をとりまとめている。まず一次審査における認定者の主な申し立ては、「本国において、家族が反政府軍のリーダーとして政府軍との戦闘に参加して死亡したところ、自身も反政府軍の関係者とみなされ、本国政府から手配されている」あるいはまた「本国において、公職に就いている上、与党の党員という立場でありながら、反政府派を支持していたことから、反政府的人物であるとみなされている」などである。また申請不認定者の主な申し立ては、「知人、近隣住民、マフィア等とのトラブルを申し立てるもの（不認定者全体の約43％）」あるいは「政治的意見を理由に、本国政府や対立政党の関係者から危害を加えられるおそれを申し立てるもの（約22％）」「本国の治安に対する不安を申し立てるもの（約13％）」「家族が難民認定申請中であることを申し立てるもの（約6％）」「特定の宗教を信仰していることや改宗に起因する迫害のおそれを申し立てるもの（約6％）」などであった。なお法務省の２０１８年における難民申請についての報告（「平成30年における難民認定者数等について」）によれば、２０１７年6月にＵＮＨＣＲがプレスリリースした「グローバル・トレンズ２０１７」において世界で避難を余儀なくされている人の多い上位5カ国とされている国々（上から、アフガニスタン、イラク、シリア、ベネズエラ、コンゴ民主共和国）からの申請者はわずかに50人にとどまっており、日本で急増する難民認定申請の大半が、大量の難民・避難民を生じさせるような事情がない国々（上から、ネパール、スリランカ、カンボジア、フィリピン、パキスタンなど）からの申請者によるものであることを述べている。

しかし、少数ではあるが、本来の意味での難民認定申請をする人々もいる。一般的に、難民は大抵隣国に避難する傾向にあるといわれている。海や大陸を越えるには、多額の資金と手はずが必要だからだ。だがそれでも何とかして国境を越えて平和な土地を目指す人々がいるのだ。以下に具体的な例を挙げよう。

ロヒンギャとクルド人

かつて連日のようにニュースで報道された、ミャンマーの西部に位置するラカイン州西北部に暮らすロヒンギャの人々は国籍を持っていない人々である。ミャンマー国内には彼ら以外にも多くの少数民族がいる。だが、ロヒンギャの人々にミャンマー政府は国籍を与えないどころか、彼らがひどい迫害を受けても、何もしなかった。その根本となる原因は、ミャンマーの排他的ナショナリズムの問題（ミャンマー国民の多数派によるロヒンギャに対する歴史認識）と、１９８２年の国籍法（国民、準国民、帰化国民の3つのカテゴリーに分け、非土着系の人々の法的地位を明確にして、彼らの経済的・社会的活動に制限を加えようとするもの）にある。

大英帝国時代のイギリスは現在のパキスタン、インド、バングラデシュという広大な地域を植民地に収めただけでなく、ビルマ（現ミャンマー）にまでその触手を伸ばしていた。１８２４年にイギリスとビルマとの間で戦争がおきてイギリスが勝利した後に、英領インドとしてラカイン地域が編入された。また、インドとビルマの国境が開かれてベンガル地域（現在のバングラデシュ）からビルマ国内に大量のムスリムが流入することとなった。太平洋戦争を経て、１９４８年にビルマはイギリスから独立した。この混乱期に、当時は東パキスタンという国名であった隣のベンガル地域からムスリムがラカイン地域に流入した。このような歴史から、ロヒンギャの人々はベンガルから来たベンガル系移民であり、ミャンマーの土着の民族ではないというのがミャンマー国民の主流な考えである。

平日の午後9時、強い雨にもかかわらず、群馬県館林市のモスクに集まり、礼拝を行うロヒンギャの人たち。撮影日：2015年6月16日

２０１９年時点、日本にもロヒンギャの人々が存在する。難民認定者としてビザを取得して生活している人もいれば、難民認定申請をくり返している人もいる。彼らのコミュニティは群馬県館林市にある。だが彼らの多くが避難した国は隣国のバングラデシュである。ロヒンギャの人々はムスリムであり、バングラデシュもまたムスリムが多数派となる国である。だが、バングラデシュ政府が、同じ宗教を信仰するからという理由でロヒンギャの人々を自国民として受け入れて国籍を与えることはない。それは極めて政治的な問題であるからだ。

政治的理由で日本に避難しているもう一つの民族集団がある。クルド人である。彼らに関して、日本では埼玉県蕨市に「ワラビスタン」と呼ばれるほどの大きなコミュニティがある。クルド人の多くはトルコやイラン、イラクにまたがった地域に居住している。これらの国々はムスリムが多数派となる国である。読者の中には、クルド人が元来居住する地域性ゆえに、彼らの多くはムスリムであろうと考えるかもしれない。だがそうとは限らない。イスラーム以外の宗教を信仰している人もいる。例えば、ヤズィード派（ヤジディ教ともいわれるキリスト教、ゾロアスター教やマニ教、スーフィズムなどの要素が混淆している宗派。なお、ヤズィード派といえば、そのほとんどがクルド人とみることができる）などの信徒がいる。

クルド人が暮らす上記の国々は、歴史的な関係性や政治的な理由から、彼らを迫害することもある。現に、トルコ国内に居住するクルド人に対してかつて同化政策を行ってきたトルコ政府は、クルド人の、国民としての様々な自由や権利の保障を認めていない。具体的にクルドの民族の自由を訴えたことが反政府的な活動を行ったものとみなされて、トルコ政府に逮捕される人もいる。

さらには戦火を逃れて日本に避難してきた人々にシリア人難民がいる。彼らは戦火を逃れてその多くがヨーロッパへと移動した。ドイツが多くのシリア人難民を受け入れることで、ドイツ国内が難民受け入れの賛否で論争になったことは、既に周知の事実であろう。日本でもシリア情勢に鑑みて、２０１７年度からＪＩＣＡ（国際協力機構）の技術協力制度や文部科学省の国費留学生制度などを利用して留学生としてシリア人難民を受け入れることにしたのは記憶に新しい。

こうして様々な人々が、戦火や迫害から逃れるために一旦隣国に移り、さらに世界中へと避難する。人道的な配慮を考えれば、彼らを受け入れることは当たり前のことと思えるだろう。だが、難民となった人々がかつて居住していた地域においてなぜそうなったのか、問題の本質を考えてみてほしい。これは極めて政治的な問題であり、たとえムスリムが差別されて迫害を受けていたとしても、イスラームに起因する問題ではなく、また宗教という大きな枠でも解決できる問題ではないのである。もちろん人道的配慮から彼らを支援しなければならないことは理解できる。だが難民の受け入れを認めるだけでは、次から次へと難民が押し寄せてくるだけで、問題の根本が解決されることにはならない。

くり返しになるが、難民の受け入れは人道的に配慮されるべき課題として、政治的に考慮されなければならない。だがそれぞれの国の思惑もあってすぐには解決できない問題である。

そこで本書では、それに関連して、外国人労働者の就労ビザの取得にまつわる諸問題、とくに外国人ムスリムの「難民ビザ」問題について論じる。

外国人ムスリムにおける「難民ビザ」事例

筆者はフィールドワークにおいてこの「難民ビザ」を持つムスリムと出会い、何度かインタビューをすることができた。事例を挙げてみよう。

事例1：Fさん（パキスタン人、30代男性、大学院修士課程修了、未婚、インタビュー時滞日歴9

カ月）

滞日パキスタン人には日本人と結婚している人が多いので、配偶者ビザを所有している者が多い。だがFさんは「就労ビザを所有している」というので筆者は珍しさを感じた。彼が日本でどのような日常生活を過ごしているのか、イスラーム的な生活を求めるために何かしているのかを聞いてみた。だが、インタビューを続けていくうちに話は思わぬ方向に向かって行った。もちろんムスリムであるから、豚肉やアルコールを避けるように常に食生活に気をつけ、時間を見てはモスクにできる限り行くようにしているという。だが、Fさんは仕事を常に優先して考えている。Fさんは現在同国人の勤める派遣会社に登録しており、この会社から紹介された自動車部品工場で働いている。仕事の内容はといえば、1日10時間にも及ぶ作業で、体力的にかなり厳しい。それにもかかわらず、本人は10時間は必ず働きたい、12時間働いても構わないと話す。自分の懐にできる限り多くの給与が入ってくることを常に考えているようで、毎日の就労時間をしっかりとメモにとっている。彼の職場は週1日の休みで時給1200円、夜勤もある。夜勤代は時給に上乗せされるため、残業もすれば1カ月30万円以上は稼ぐことができる。そこから健康保険や年金などの社会保険が引かれたとしても、手元にかなり残るのだから、為替格差を考慮すれば自分の国で稼ぐよりもはるかに収入は良いわけである。

ただし、Fさんは必ずしも現在の仕事が好きというわけではない。重労働だからだ。現在は独身であるが、将来日本人女性と結婚して在留資格を配偶者ビザに切り替え、自分で貿易業を興すことで安定した生活とさらなる高収入を得たいと述べている。

彼の話を聞く限りにおいては、イスラーム的な生活よりもむしろ如何にお金を稼ぐのか、如何に安定した生活を日本で築くのか、そのことだけを考えているように思えてならなかった。そこであえてビザについて聞いてみると、「難民ビザ」を持っているので自分の本国には帰れないし、他の国にも容易に行くことができないという。「難民ビザ」とは何なのか。報道番組でこの言葉が一時取り上げられていたのでその名は聞いたことがあるが、筆者は実際にこの「難民ビザ」を所有している人とこの時初めて出会った。

先述したように、「難民ビザ」というビザは存在しない上に、難民としての認定はそう簡単に下りるものではない。難民認定申請して日本政府から難民として認められれば、国内で起業もできるだろうし、難民旅行証明書が発行されて日本と海外とを自由に行き来することもできる。そこでFさんにビザの種類が記載されている外国人登録証明書を見せてくれるかと尋ねたところ、快く応じてくれた。そこには「特定活動」とあった。さらにその下の「就労制限の有無」の欄にも、「指定書により指定された就労活動のみ可」と記載されていた。これ以外にも何か持っているのかと尋ねたところ、書類も何も持っていないという。いわゆる難民として認められていることは一切書かれていなかったのである。難民認定申請には厳格な審査があり、本人のみならず出身国の政治社会情勢に鑑みて、難民としての認定審査が行われる。彼の国はテロ事件が度々報道されることがあっても、命の危険にさらされるほどの事態が起きている国ではない。そう容易に取得することはできないはずである。そこでさらに聞いてみると、政治的な問題を抱えているので日本に逃げてきたという。隣国がアフガニスタンであるからターリバーン（ニュース報道では「タリバン」）関連なのかと思いきや、Fさんはその影響が少ない大都市の出身である。外務省の海外安全ホームページでは、確かに危険度は高いがそれでも割と安全な地域である。本人も関連はないと話した。筆者はFさんのいっている事が腑に落ちなかったので、さらに政治的な問題はどんな類いのものかと詳しく聞いてみると、急に話をはぐらかして家族のことや身の上話を始めた。

本国パキスタンには母親や兄弟姉妹が住んでいるという。また複数いる兄のうちの一人は家族でヨーロッパに移住しているという。Fさん自身は日本に来る前にマレーシアで7年間4つ星ホテルのドアマンとして働いていて、その後一旦パキスタンに帰国して来日したという。来日後すぐに入管で難民認定申請をして、その6カ月後に「難民ビザ」を取得したと話す。Fさんが話すこのビザは、先に述べたように、実際は申請受理後審査結果を待つために与えられる「特定活動（指定書により指定された就労活動のみ可）」と記されているビザのことである。日本国内の特定業種のみに就労が可能となる。どのようにして職を探すことになるのだろうか。

まずは同じ国の人間が経営、あるいは勤めている派遣会社に登録して仕事をもらうことになる。就業できる職種は指定書に記載されているため、自分の好き勝手には選べない。Fさんの場合製造業のみ就業が可能であるので、関東圏や大都市および中都市近郊の工業団地などが就業場所となる。大方の仕事が時給1200円程度である。エアコンや冷蔵庫など生活用品を完備する居住空間が職場から提供されるので、Fさん自身は常に身一つで移動できる。彼は現在自動車部品工場に勤めている。だが、1年経たないうちに2社目を経験している。その理由を聞いてみたところ、自分の手で組み立てをしなければならないので、いつも手に怪我をしていた、それが嫌で転職したと述べている。だが実際のところはよくわからない。6カ月経って契約が切れたので別の工場で働くことになっただけなのかもしれない。Fさんは製造業のみ転職が可能であるので、それ以外の職種に就くことを望むのであれば、日本人の配偶者になることが手っ取り早く全ての問題を解決することになると考えている。それ故に、日本人女性を常に探している状態である。そんなに簡単に結婚相手が見つかるのかと筆者はFさんに聞くと、一言「簡単だよ」と述べる。Fさんはパキスタン人としては平均的な顔立ちだが、背が高く日本人にはない彫りの深さがあるために、イケメンに見えるのかもしれない。生まれてくる子どもは、エキゾチックな風貌の可愛い子どもになるかもしれない。外国人慣れしていない日本人女性たちは、色々夢見てしまうのだろう。

来日してすぐに合法的に滞在できるビザを取得して国内で働き、日本で地盤を固めるために日本人と結婚して配偶者ビザに切り替える。彼のような考えは彼と同国の人々の間だけでなく、一般的に外国人労働者と呼ばれている人々の間では主流の考えである。ただ筆者がFさんと話をしていて感じるのは、Fさん自身の日本社会に対する甘い考えがあることと、日本人が外国人に対して常に優しいと判断してしまっていることだ。

先述したように、筆者が腑に落ちなかったのは、Fさんが来日するまでの経緯が不明瞭であることや彼の説明についてもまた矛盾を感じたからである。例えば、「兄の家族がヨーロッパに移住している」という話を聞いたときに、もしFさんが政治的問題のために本当に命の危険を感じるのなら、なぜ兄弟を頼って渡欧しなかったのか、と疑問に思った。日本は難民受け入れに積極的ではない。そのような現状にある日本に来ていつ本国に送還されるかわからない不安を抱えながら生活するよりも、むしろヨーロッパの方がより早期に安全に過ごせるようになる可能性があるのにと感じた。またFさんは日本語がほとんどできない。Fさん自身は「日本語ができる。ちゃんと社長のインタビューにも答えることができる」と主張しているが、実際は自己紹介と、製造工程における作業に関する日本語のみ理解できる程度である。筆者とのインタビュー中もFさんは日本語で話そうとするが、いつの間にか英語に切り替わっている。難しいことをいわれても理解しているようであるが、実際は自分の意見を発言しようにも、日本語を知らないために発言することができない。発言したとしてもすぐに英語に切り替わってしまうのだ。

もし他のパキスタン人のように日本でビジネスを興して成功したいのなら、日本語をしっかり勉強する必要がある。筆者が日本語を習得するために日本語学校に通うつもりはあるかと聞いても、「勉強するつもりはない、働いていて勉強する時間がない」という。仮にFさんが日本語学校に入って留学生ビザを取得したところで、現行法の規定である週28時間しか働けないのなら日本に滞在する意味はないのだろう。

彼の言動には矛盾が多かった。Fさんからは、政治難民ではなくて、むしろ高学歴にもかかわらず、本国では自分の思い描くように働いて収入を得ることができないので就労のために海外に出た、いわゆる出稼ぎ労働者としての側面を強く感じた。

しかしFさんは、日本語をあまり話すことができなくとも、また長時間労働の上に肉体労働で厳しい職場環境であったとしても日本で働くという現状を選んでいる。そこまでして日本で働きたいのは、いうまでもなく為替差によって自分の国では高収入となるからである。また日本が彼らの出稼ぎ先になっているのは北米やヨーロッパ各国とは違って、難民認定申請制度を利用すれば合法的なビザを容易に取得できるからである。

筆者としては、難民認定は内戦や紛争の続くシリアやイラク、イエメンなどに住む人々やロヒンギャの人々のように、迫害にあっている、本当に必要な人のためにあってほしいと心から思う。だからFさんとのインタビューにおいて話の食い違いがあると、筆者は「あなたは本当に難民なのか」とつい疑ってしまう。たとえFさんが事実として母国において政治活動をした結果として問題を抱えてしまったのだとしても、自分の国において命が奪われる危険性がない限りは、生まれながらの文化の中で家族と一緒に生活した方がFさん本人のためには良いとさえ思う。

先述したように、法制度に抜け穴があるから、安易に取得できる合法ビザとして「難民ビザ」なるものの情報が外国人の間で広がった。そして彼らが来日しては難民認定申請に駆け込んでいる現状がある。また彼らは合法的に働くことはできても、社会的には不安定な立場である。にもかかわらず、どんなビザでも良いので合法的に雇うことのできる外国人を必要とする企業が日本国内にいくつもあるということも、この問題を助長している。Fさんのようにたった数カ月の間に2社で就労するような働き方というのは、企業にとっては作業が慣れた頃に出て行かれることになるので、本来であれば痛手となる。だがFさんのような立場の人材であったとしても、また難民認定が認められなければ最長で2年半の就労期間となる人であったとしても、彼らを雇わなければならない事情を抱えるほど、特定の業種においては恒常的に人手不足が発生しているということを示唆している。と同時に、不景気になれば彼らをいつでも解雇することができるという業界の安易な考えを垣間見ることもまたできるのである。

さらにまた将来退去処分となることを見据えて、彼らはできるだけ早く日本人の配偶者を見つける必要がある。Fさんの持つ「難民ビザ」の期限は、さらに難民認定のための審査に時間がかかったとしても残り1年半ほどだ。本書が書店に並ぶ頃までに配偶者が見つからなければ、Fさんは日本にいないかもしれない。彼自身もそのことをわかっているのだろう。誰か日本人と結婚したい、結婚すれば配偶者ビザが取れるから、そしたらもっと楽で給与の良い事務職のような仕事を日本で見つけることができるし、日本で輸入業を始めて充実した生活を送りたいとくり返し述べていた。もし彼と結婚する日本人女性がいるとすれば、イスラームについて理解があり、かつ日本語のできない彼を、日本での生活全ての面においてフォローすることのできる、しっかりとした女性でないと暮らしは成り立たないだろうと筆者は思う。だが彼は日本にいるのはあくまで働くためであると考えており、そのことしか頭にない。このような場合は、配偶者となる日本人も、交際だけならともかく、ムスリムである彼らとの結婚に対しては慎重になることを求められることになる。事実、過去においても辛酸をなめた日本人女性ムスリムが複数存在する。事例として、その詳細を以下に挙げておこう。

事例2：日本人女性Gさんの事例——就労目的で来日した外国人ムスリムと結婚するということ

Gさんは1990年代にパキスタン人と結婚してその数年後に離婚をした日本人女性である。20年以上も前のことであるし、今彼女は第2の人生を送っているので、本人にとってはあまり思い出したくもない話であるが、インタビューを快諾してくれた。だがGさんは、彼女の氏名、現在の年齢、住んでいる場所と、Gさんおよび彼女の元配偶者（パキスタン人Hさん）それぞれが特定できるようなことは記載しないことを本書に載せる条件として求めている。Hさんは現在日本にはいない可能性が高いが、彼がこれまで日本で行ってきた言動によって今後Gさんが元配偶者としてHさんの責任をとらねばならない可能性があるかもしれないと危惧しているからである。したがって、以下奥歯に物が挟まったような表現が含まれることをご了承願いたい。

Gさんと Hさんが知り合ったのは、街中で行われていた文化交流会の場であったという。当時のGさんは大学生で、国際交流活動に積極的に参加していた。Hさんが超過滞在者で街中にある家族経営の、いわゆる町工場で働いていたことは当初から知っていた。付き合うだけなら何ら問題がないと思っていたという。また相手がムスリムだから、宗教が違う人とは生活観も違うから互いの人生を一緒に歩むのは難しいと考えていた。ただ付き合う期間が長かったことと、国際結婚は譲歩すればよいだけ、と「頭で」理解していたので「そのまま惰性で結婚したようなもの」だとGさんは話す。もし相手が留学生ならまだよかったのかもしれない、とGさんは語った。「第一、日本に来る理由が勉強のためか労働のためかで、日本人や社会に対する考え方、日本での生活設計が違うでしょ。留学生は将来夢を持っている人たちだから、日本語にしても日本社会についても学ぶ努力をするでしょうから」。留学生と労働者とでは抱えているものが違うというのだ。GさんはHさんが抱えている事情を詳しく聞かなかったこともあって、安易に結婚したばかりにこんなに苦労するとは思ってもいなかったとも話す。

Hさんは Gさんと会った時、滞日歴が5年あったからか日本語は堪能であった。彼は英語も流暢であったので、もともと語学の才能があったのだとGさんは話す。ただ問題は嘘が多く、話の前後で内容が嚙み合わないところがあったという。また隠し事も多かった。彼女としては嘘をつかれるよりもむしろ、隠し事に対処しなければならなかったことに苦労したと述べる。Hさんがそんな性格だったのは、日本人は外国人に優しいし、それ故か日本社会を甘く見過ぎていたからなのではとGさんは推測している。まず日本人の彼女は常時3～4人はいたという。ではなぜGさんが結婚できたのだろうか。それはGさんが一番若くて、イスラームに対して理解があったからだと話す。だが最大の問題はHさんの過去の浮気ではなく、文化ギャップでもなかった。もっと根本的な問題をHさんは隠していたからだ。彼は単なる超過滞在者ではなかった。Hさんは過去に一度入管に超過滞在者であることを申告して出頭した過去を持っていたのである。出頭したということはそのまますぐに自分の国に帰らねばならない。それにもかかわらず、出国せずにそのまま日本国内に滞在していた。入管は、Hさんのことを出頭して逃亡したとみなしている。Hさんは入管から「犯罪者」という扱いを受けてしまっていたので、一旦釈放されるためには、彼女にとって高額な保釈金を支払う必要があったという。

新居をどうするか、ムスリムとして生活するとはどういうことかを理解するとか、そういうレベルの問題ではありませんでした。まずはどのような手続きを踏めば良いのか、私が一から勉強しなければなりませんでした。（筆者追記：Hさんは Hさんで同国人から調べてきて）行政書士を使えば良いとかいう情報を持ってはくるけれど、私がHさんに対して求めていたことはそんな情報ではなく、なぜ重要なことをずっと隠していたのかということ。そうすれば私の選択肢もまた違っていたのにという腹立たしさで一杯でした。

一連の手続きを入管で行い、あとは通常の申請の流れに戻すのに時間がかかったが、在留特別許可証を発行してもらうことができたという。その時のことを筆者は聞いてみたが、Hさん本人は日本の公的制度に疎く、本人が行く必要がなければ彼女を手続きに行かせることが多かったという。その数年後、Hさんは日本人の配偶者としてのビザを手にすることができた。だがその途端に、H

さんは自分の国に勝手に帰国した。どうも向こうで凱旋帰国のお祭り騒ぎをしてきたようで、Hさんは G さん自身のこれまでの苦労を家族に伝えることなく、また向こうの家族もGさんについて何一つ考えてはいなかったのか、Gさんへのこれまでの尽力の感謝としての言葉をつづった手紙や土産物も何もなかったという。

国際結婚で大変なのは異文化理解だっていうけどそうじゃないと思う。独身証明書もHの国ではたとえ既婚者であってもお金さえ払えばいくらでも書いてくれる。Hが自分の国の女性と結婚するにはマフルも払わなければならない。その上に、同国人と結婚すれば相手の家族全体が今後関わることになるから。日本人と結婚する方がお金も請求されないし、イスラームのやり方を知らないから、楽なんでしょう。

筆者がGさんにビザについて聞いてみたところ、Gさんは以下のように答えた。

結婚する相手が日本でどのように生活したいのか、その考えにもよりけりだけど、日本の社会制度を理解していないから、ものすごく私を頼りにする。健康保険や年金、失業保険などの社会保険はまだ序の口。Hはプライドが高いから自分で何かを勝手にするんだけど、黙って隠していることが多い。いくら「ちゃんと伝えて」といってもね。工場の仕事を何も相談せずに辞めてふらふらしている時期もあった。いきなり大きな荷物が宅配便で届いたと思ったら、パキスタンのお土産物がごちゃごちゃと入っていて、新規に事業を興すといっていたけど、日本での起業方法やビジネスの進め方を知らないから最終的に失敗していた。失敗した理由は、私が協力しなかったからだともいっていた。だけど日本に来てまで工場で働くのは、お金は溜まるかもしれないけど本人の自尊心が傷つくのよ。Hはよく「アイツ、俺よりも年下だけど中古車業を経営して儲かっている」、「コイツは輸入業で成功している」とかいっていた。最終的にパキスタン人のみんながやっている中古車業に手を出していたけど、古物商とかの資格を取らなければいけないとか色々と制約があることにもまた文句をいっていた。商売するためのルールだと私がいったら、諦めていたけど。中古車を購入する資金も必要で、同国人に借金していたのが後でわかった。それも私と結婚していたから借金することができたんだといっていた。同じパキスタン人や外国人、確かロシア人とかいっていたけど、彼らに中古車を転売する時には、配偶者が日本人であるというだけで取引が成立する、つまり私がいつの間にか保証人にされてしまったり、……（中略）自分が書類に捺印したか否かではないんだ。単なる配偶者である、それだけでも保証人にされてしまうことに怒りと恐怖、そしてまたどこかで色々と手を出しているんじゃないか、私がこれからも保証人に勝手にされてしまうのではないかという不安を感じていて、利用されているのが嫌で別れたんだよね。

彼女は続けて、これから滞日外国人ムスリムとの結婚を考える人に対して以下のように述べた。そして筆者に本書に記して欲しいと伝えた。

労働力として滞日する人が全て何か悪さをするわけではない。だけどお金に執着するあまり、知らないうちに罪を犯すこともあるし、配偶者である私たちが責任を取らざるを得ない事態に発展することもある。相手に恋心を持つのは自由だし、好きな人と結婚して幸せな家庭を築くのは女性の夢でもあるでしょう。だけど、もうちょっと相手のことを知ってから結婚するかどうかを判断して欲しい。大体の外国人ムスリムが出会ってすぐに「結婚したい」っていってくる。相手の女性が心地良くなるようなこともさらっといってくるから、女性は良い気になってしまう。もちろん、付き合った時間だけではなく、イスラームの知識も重要。特にマフルを支払わなければならないということを。ビザ目当てならば、マフルを払うことを拒否するか、それは何だといって誤魔化すから。あと、こんなこともいってくることがある。「ムスリムにはなってほしいけど、形だけで大丈夫。私はイスラームに厳しくないから」と。でもイスラームには、女性の権利を守る教えもあるので、ビザ目当ての外国人ムスリムは、相手の女性に知って欲しくない教えもある。だからイスラームをしっかりと勉強してもらいたくない。それだけでなく、自分にとって都合の悪いことは隠しているからね。実は自分の国で既に結婚しているにもかかわらず、日本でも結婚しちゃう。だってビザ目当てですもの。中には日本国籍を取得してすぐ離婚してしまう人もいる。だいたい3年くらい配偶者ビザを保持していれば日本国籍を取得できるようなことを聞いたことがある。離婚するとき、Hの捨て台詞は強烈だったし、本音だったと思う。「なんで今なんだ。後1年待てば、日本の国籍がもらえたのに。誰が好き好んで日本人と結婚するか。同じ国の女性が良いに決まっているだろう。いうことを聞くし、俺のやることに何一つ文句いわないから」。こんなことをHはいっていたんだよ。本当に日本のこと、日本人女性のことをナメてかかっているよね。

（筆者注：Gさんの話の中で、度々「日本の国籍を取得」という言葉が出てきているが、外国人が日本国籍を取得するためには、その外国人が日本社会にどれだけ貢献しているか、納税の義務は怠っていないか、外国人の多くが将来受け取れないことを理由にして支払い拒否している国民年金などの社会保険は納めているか、犯罪歴はないか、など厳しい審査がある。そう簡単には取得することができないので、Gさんが話す国籍は、おそらく「定住者」あるいは「永住者」の在留資格のことであろう。なお、外国籍の者で「日本人の配偶者等」を得て3年以上の婚姻歴がある場合、「定住者」ビザへの切り替えが可能となる。「定住者」あるいは「永住者」ビザは外国籍のままである。だが、外国籍の者が法で決められた年数日本にいれば、こうした恒常性のあるビザを取得することができる。）

世間の目からみれば、日本人配偶者を手玉に取って利用しようとする外国人配偶者が一方的に悪いとの意見もあろう。だが、配偶者である日本人女性にも責任がある。どのような種類のビザを持っているのか、本国における家族構成や家族の経済状況、現在勤めている職種について、借金などの個人的な問題を抱えていないか、など夫婦として知っておくべき相手のことを知らなすぎるのだ。

また、彼女ら配偶者たちの中には、夫婦の間の価値観がずれていることに複雑な心境を見せている者もいる。かなり我慢しているのだろう。日本語が満足にできない外国人配偶者のために、社会保障や仕事場での保証人などの面で日本人女性が一家を支えるように責任を負っていることもある。さらに、本人たちの自由ではあるのだが、短期間の交際を経て結婚したカップルや、不釣り合いなくらいに女性との間に年齢差のあるカップルがいる(いた)ことも確認している。そのようなカップルの中には、「利用されているのではないか」と悩みながらも結婚生活を続けている日本人配偶者がいることも筆者は知っている。またいずれは離婚を切り出されることを覚悟の上で結婚を承諾した日本人改宗者も知っている。こうした場合、ムスリム男性が出身国で既に結婚しているかあるいは後で出身国の女性と結婚する事例も少なからず見られる。

1980年代後半からのバブル経済期に外国人労働者が大量流入したが、その時代に起きた同様のことが現代においてもくり返されるのか。筆者はただ本人たちが少しでも幸せであることを祈るのみである。

日本の外国人材受入れ政策の未来

労働目的で来日してお金を稼ぐことに執着している者であれば、日本語もままならず、かつ日本の社会制度も理解していない人間であればあるほど、同国人からの情報だけで動く可能性が高い。しかしながら、偽の情報をつかまされた場合、共倒れすることがある。日本社会は外国人たちが考えるほど甘くはない。日本人が外国人に甘く見えるのは、外国人とのコミュニケーションが不得手だからである。それ故に彼らの嘘や隠し事を見抜く力がないこともいえるだろう。また一部の日本人には、外国人と関わりたくないという思いもあるかもしれない。だが、今後の日本社会にはそのような選択肢があるほどの余裕はない。2019年4月から14種類の特定業種において、外国人材の合法的な受け入れが始まったからだ。職種によっては、日本語のレベルなどビザを与える基準が緩いといえるだろう。とりわけ、自動車部品や電化製品の部品などの製造業がそれに該当するといえる。日本語のできる外国人のリーダーがいれば、同国人である他のメンバーが日本語ができなくとも作業手順などを伝えることができるからである。

2019年4月から日本社会は単純労働者を合法的に迎えることになるので、「難民ビザ」といった法の穴をすり抜けたような滞在許可証の取得は減少することが予想される。現に2018年1月以降から、難民認定審査が厳しくなった。というのも、先述したように、入管では増え続ける申請者への審査が長引くことも考慮して、2018年1月15日から、難民認定申請中の者に付与する在留資格の運用を見直すことにしたからである。具体的に技能実習生が実習先から失踪した後、あるいは技能実習を修了した後に難民認定申請をした場合は、申請から6カ月経過後も原則として就労を許可しないこととしている。既に日本にいる技能実習生や留学生がビザの期限が切れるからと難民認定申請を出しても申請自体が却下されることとなったのである。事例1で述べたFさんがことある毎に口にする「難民ビザ」という言葉も無くなるだろう。というのは、Fさんのような「難民ビザ（在留カードには「特定活動」〈指定書に限定された職種のみ就労可〉と記載）」保有者は14種類の特定技能ビザに申請を出して合法ビザをもらえば良いからである。だが、ビザによっては5年までしか日本で働くことができず、相当の理由がなければビザの延長は認められない。結果として、日本人と結婚して配偶者ビザを取得することが恒常的に安定したビザを手にすることになるので、Gさんの述べるように、相手に利用される事例は今後も多々発生すると予想できる。

この外国人材受入れに対する新たな政策の施行に基づき、これまで関連する法制度の改正がなされているが、後から規則を付け足しているので、彼らを受け入れる地方自治体は不安や懸念事項を抱えていることがクローズアップされている。外国人を受け入れるにしても、地域行政や民間団体まかせのところが大きく、外国人労働者の社会的立場の弱さを利用した悪質なブローカーや雇い主の存在も指摘されている。また日本の現政権は「移民は入れない」と述べている。しかしながらビザによっては、家族を伴うこともできる。つまり移民受け入れという制度がなくとも、家族を日本国内に呼び寄せることで自然と移民を受け入れることになるのだ。

この移民受け入れについては、過去においても外国人労働者の受け入れが結果として移民につながるという議論が噴出していた。具体的に、1990年代前半までの単純労働者を受け入れるべきかという議論においては、外国人労働者が家族とともに定住すれば、かなりの「社会的コスト」を生じさせることが強調された。この「社会的コスト」とは、国や地方自治体が外国人労働者受け入れに伴って負担している経費のことで、国の場合、外国人雇用対策、不法就労対策などの関係省庁の予算の概算を含んでいる。地方自治体については、外国人向け資料、通訳、外国人相談窓口の経費、外国語講座開設、外国人向け日本語講座など外国人の行政へのアクセスを改善する経費としている(井口2005)。移民は社会的に負担がかかることが、1980年代後半に起きた外国人労働者問題の時から既に言及されていた。そして、今まさに同じ議論が再発しているのだ。

日本政府の行おうとしているのは、単純労働業種で人手不足といわれている業種に外国人をあてがうことだが、それは前述したように、バブル経済崩壊後に公園にたむろしていたイラン人がそうであったように、再び経済が冷え込んで余剰人材が出るようになったら切り捨てることが容易にできる労働力がほしいだけである。しかし、家族を伴うということになるとそうはいかない。労働者たちが連れてきた家族はどうなるのか。日本社会は如何に到来する移民社会に対処すべきなのか。以前のように奴隷のように働かせて、仕事がなくなれば使い捨てる。そんな形で彼らを切り捨てることはできない。今、日本社会は岐路に立たされている。

第6章　日本におけるハラール・ビジネスの実態

なぜ「ハラール」なのか

第4章でも述べたように、ここ数年間、日本全国でムスリム観光客への「おもてなし」と称して、観光の場におけるハラール食を提供する事業が拡大している。またマレーシア、インドネシア向けの輸出製品に対するハラール認証への取り組みも頻繁に見られるようになってきた。さらに日本国内では、ハラール認証に関するコンサルティング会社や団体も増加している。このような企業や団体は現在数十社以上あるともいわれ、中には彼ら独自にハラール認証も行い、かつ団体が作成したハラール・マークを掲げたり、「ハラール・フレンドリー・マーク」のような新たなハラール・マークも作られるようになった。この「ハラール・フレンドリー・マーク」について簡単に説明しよう。レストランでお酒を提供している場合、ハラール食を扱っていても完全な意味でのハラール・レストランではない。そこでお酒もハラール食も提供している店舗には「お酒を扱っているがハラール食を提供しているので、ムスリムが安心して食事ができる」という意味で、ハラール・フレンドリー・マークを作成して掲げる所が出てきている。

日本におけるイスラームの歴史を通して、戦前の回教政策以来、これほどまでに多くの日本人が積極的にかつ肯定的にイスラームに注目した時はなかったのではないだろうか。

先述のように、イスラームには否定的なイメージ（テロ、厳格な教義など）ばかりが先行している。それ故に、ムスリム観光客へのおもてなし対応やハラール食品への取り組みは、非ムスリムのイスラーム理解に向けた大きな起爆剤になるかと思われた。だが実はそうとはいいきれない状況にある。日本におけるハラールについての現状を詳しく調査および分析すると、そこにはあくまでビジネスの一環としてイスラームに関わって成功しようと模索する非ムスリムの日本人の姿が浮かび上がる。だが問題はそれだけではなく、日本が抱える様々な課題、とりわけ今後迎えるであろう、多文化社会に向けての課題と密接に関連している。ハラール食の提供も含めたムスリム観光客へのおもてなし対応における日本人の行動には、ビジネス界における過大評価ゆえにいささか勇み足すぎる傾向がある。その上に、日本人とムスリムとの間に横たわる宗教に対する価値観の相違も加わり、将来大きな問題を引き起こす要素も多分にある。したがって、この課題は日本人としての感覚を持ち、かつイスラームを理解している日本のムスリムたち、とりわけ日本人改宗者やムスリム第2世代にまかせることが一番の良策であると筆者は考える。日本のハラールについては、彼らの意見を聞くことこそ将来迎える課題解決への糸口になるからだ。

巷の書店で売られているビジネス書にはハラールをビジネスとして扱うことが大きなチャンスと

なるような肯定的な意見が述べられている一方で、その利用者となるムスリム、とりわけ日本人ムスリムは現状を懸念している。またビジネス界の肯定的な意見が強すぎて日本人改宗者の意見や提案がおろそかになっている。そもそも人口こそ少ないが戦前から日本人ムスリムは存在している。だが過去において、当事者である日本人ムスリム自身でさえも、ハラール認証などのビジネスに積極的に参入しなかった経緯がある。なぜか。もちろんこれまで日本のムスリム人口は小規模であったから、ムスリムたちの間で消費される程度、すなわち小売店舗などの小規模展開でハラール食品を扱っている程度でも何ら問題はなかった。しかし、消費者数が少ないとはいえども、商売として大規模に行う機会はこれまで幾度となくあったはずである。日本人ムスリムたちはハラールの本質を理解していたから、ムスリムとしての責任故に、あえて大々的に商売として手を出さなかったと推測できる。そこでこの章では、日本におけるハラールを取り巻く現状と日本人ムスリムの意見を取り上げて、ハラール食への取り組みとその課題について述べてみよう。

　最初に、そもそもハラールとは何であるのか。多くの非ムスリムの日本人が誤解しているままなのではないだろうか。そこでまずはハラールとは何か、基本にたちかえってみよう。

非ムスリムにとってわかりにくいハラールの概念

「ハラール（حلال）」とは「許容された」という意味である。この言葉は、この数年の間で急速にニュースや新聞で報道されるようになり、ビジネス誌などの記事においても多く見かけるようになった。それは訪日観光客数の増加を背景に、新たな商売としてムスリム観光客向けのサービスが着目されているからだ。故に、多くの非ムスリムの日本人、とりわけ輸出業者や食品関連会社のビジネスパーソンたちはこの「ハラール」という言葉に少なからず注目している。まれにハラール・ビジネスに携わる非ムスリムの日本人の中には、「ハラール」と、「禁止された」という意味である「ハラーム（حرام）」を対概念として捉えている者もいる。だが、ハラールはそう簡単に理解できる概念ではない。

そもそもハラールという言葉は、食に対してのみ使用される言葉ではない。人間の倫理や道徳に関する事柄についてもまた使用される言葉である。だが意外なことにイスラームの法規定において、「ハラール」という言葉は使用されていない。

このイスラームの法規定とは何か。具体的な特別の事案に対して、信徒が如何なる態度をとるべきか定めた規定のことを「法規定」と呼ぶ。また法規定では、信徒の生活に関わるすべての事柄を5つの段階（五範疇《はんちゅう》）で規定している（図表9）。

では、この5つの法規定（五範疇）とは何か。

「ワージブ［義務］」は、ムスリムたちの義務であり、怠ること自体が禁止されている。例えば一日5回の礼拝などがそれにあたる。「マンドゥーブ［推奨］」は行うことが推奨されているが、必ずしもやらなければならないということではない。「ムバーフ［許容］」は行うことは合法であるが、実践にあたってはやるやらないはどちらでもよく、どちらを選択するかはムスリム本人の判断に委

図表９　法規定における義務・禁止行為の度合いについて

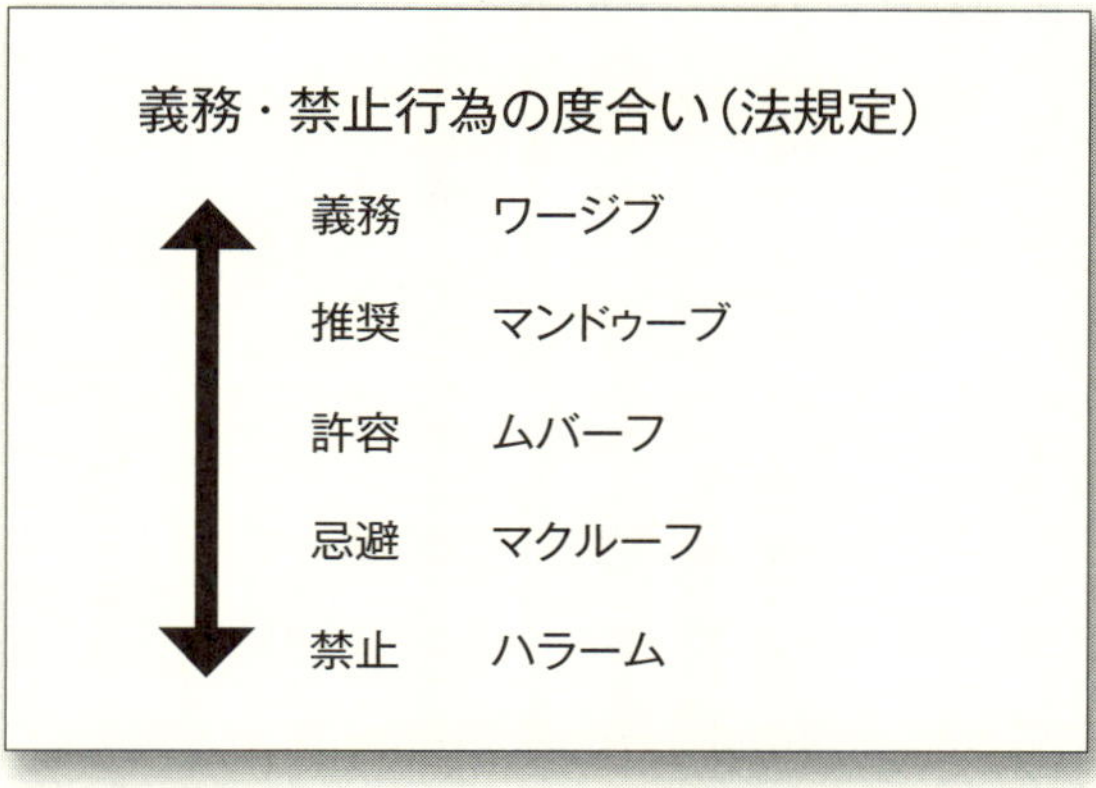

出典：複数の日本人ムスリムからの聞き取りにより、筆者作成

ねられている。「マクルーフ〔忌避〕」は行わないことが推奨されるが行っても咎められない。最後の「ハラーム〔禁止〕」は避けること、そして行わないことが義務づけられている。

このように、法規定による義務および禁止行為の度合いでは、「ハラール」という言葉は使用されていない。法規定は、ムスリムの義務や禁止行為について、ハラームとなる言動は何かを中心に段階ごとに分けている。したがって、本来ハラームでないものは全て許されていること、つまり「ハラール」となる。

では、飲食物や化粧品などの身に着けるものなど、ムスリムが直接口にし、また直接肌に触れる物品に対して、ムスリムが安心安全に使用できるというシンボルとして何故「ハラール」というこの言葉が使用されるようになったのか。

文献で特定できる範囲においてであるが、ムスリムが安心安全に摂取できる飲食物において、「ハラーム」の対概念として「ハラール」という言葉を初めて使用したのは、ユースフ・アル＝カラダーウィー（1926年〜）というエジプト出身のイスラーム法学者である。1960年に出版されたアラビア語による書籍『イスラームにおけるハラールとハラーム（原題：al-Ḥalāl wa-al-Ḥarām fī al-Islām）』の中で、彼は飲食物におけるハラーム（禁止されたもの）とハラール（許容されたもの）を述べている。ただし注意しなければならないのは、同書では、あくまでムスリムの日常生活における一部分として、飲食物のハラールが記されていることである。同書ではムスリムの日常生活（衣服や装飾品、家庭、労働など）や結婚生活そして社会生活（慣習や商取引、ムスリムと非ムスリムとの関係など）が述べられている。書かれた目的は、あくまで西洋社会の持つ歪曲したイスラームのイメージを変えること、そして当時欧米在住のムスリムにイスラーム的な生き方とは何かを啓蒙することにあった。したがって、飲食物において「ハラール」という言葉を使用していたとしても、それはムスリムとして摂取してはいけないものを理解させるために便宜的に使用しているだけであって、食品におけるハラール性を大々的に論じたものではない。

飲食物において、ムスリムが安心安全に飲食できるという意味で「ハラール」という言葉が使用されるようになったのは、イスラーム諸国の中でもマレーシアやインドネシアなどといった、複数の宗教で社会が構成される国々である。これらの国々においてこの言葉が飲食物や身につけるものに対して使用されてきた。つまりハラールは、イスラームがグローバル化し、非イスラーム諸国や多宗教国に拡大する中で生まれた概念である。またイスラーム諸国にも、非ムスリムによって生産された飲食物や直接肌に触れる物などが流通するようになり、何がムスリムにとって安心安全なのか、その基準を設ける必要が出てきたことがある。したがってほぼイスラーム一色であるアラビア半島の国々では、「ハラールであるか否か」は問われることではなかった。アラビア半島の国々で生産されるものは、ムスリムの手で作られたものであるから、ムスリムがムスリムに対して嘘をついて豚肉やアルコール入りの食品を提供することはないという前提であったからだ。そもそも地域ごと、あるいは時代ごとにハラールが明文化されているわけではなかったのだから、食品や物にハラール性を追求すること自体が、如何にグローバリゼーションの流れに依るものであるのか、推して知るべしである。

また、イスラーム法学派ごとの法解釈について、ハラールであるか否かを見比べてみると微妙な違いがある。例えば、海の生き物は鱗がついていれば食べて問題はないといわれている。だとすると、タコやイカは食することはできないことになる。だが実際には甲羅があるからとイカを食べるムスリムがいる。また甲殻類は食べて良いが、同じカニであっても海のカニは良くて川のカニは食べてはいけないという地域もある。さらにムスリムの中には、昆虫は絶対に食べてはいけないという者もいる。ただイナゴについては、ハディースの記述でもみられるように食べることが許されている（筆者注：日本ムスリム協会発行の『日訳サヒーフ・ムスリム』には、「イナゴ」という言葉ではなく、「バッタ」と記されている）。

このように、食に対するハラール性の解釈には法学派による差異や地域差がある。その上に、ハラールであるとかハラームであるとかいわれていたとしても、また明らかにハラームだとわかっても、その判断や実践は当事者であるムスリム個人のイスラームに対する姿勢や信仰心の厚さに依拠することになる。

クルアーンにおける食品のハラールの記述について

クルアーンおよびハディースに記されていることは、ムスリムたちの日常生活における具体的な活動の指針となる。では、クルアーンにおいて食品の禁忌となるものについてはどのように記されているのだろうか。具体的にいくつかの記述がある。

かれがあなたがたに、（食べることを）禁じられるものは、死肉、血、豚肉、およびアッラー以外（の名）で供えられたものである。だが故意に違反せず、また法《のり》を越えず必要に迫られた場合は罪にはならない。

（クルアーン第２章１７３節）

あなたがたに禁じられたものは、死肉、（流れる）血、豚肉、アッラー以外の名を唱え（殺され）たもの、絞め殺されたもの、打ち殺されたもの、墜死したもの、角で突き殺されたもの、野獣が食い残したもの、（ただしこの種のものでも）あなたがたがその止《とど》めを刺したものは別である。
また石壇に犠牲《いけにえ》とされたもの、籤《くじ》で分配されたものである。
（クルアーン第5章3節）

かれは只《ただ》死肉、血そして豚肉、並びにアッラー以外の名が唱えられ（屠殺され）たものを禁じられる。だが欲望のためではなく、法《のり》を越えず、迫られて止《や》むを得ない者には、本当にアッラーは寛容にして慈悲深くあられる。
（クルアーン第16章115節）

以上は、食することを禁じられているものについての記述となるが、必要に迫られた場合は許されていることもまた記されている。では一方で、許されているものについてはどのように記されているのだろうか。

今日（清き）良《よ》いものがあなたがたに許される。

啓典を授けられた民（筆者注：ユダヤ教徒およびキリスト教徒のこと）の食べ物は、あなたがたに合法であり、あなたがたの食べ物は、かれらにも合法である。

（クルアーン第5章5節）

と記されている。この一節を、キリスト教徒が多数派となる国から輸入されたもの、あるいはキリスト教徒の国で食肉処理された牛肉や鳥肉は、問題なく食することができると解釈するムスリムもいる。なお、この第5章5節においては、「ハラール（حلال）」という言葉そのものは出てこないが、その派生語で「許される」という意味のアラビア語（حَلّ）が使用されている。また同章の88節では以下のようにも記されている。

アッラーがあなたがたに与えられた良い（清潔で）合法なものを食べなさい。

（クルアーン第5章88節）

一方、食べ物以外でハラールを問題にしてもいる。

また一切の善《よ》い（清い）ものを合法〔ハラール〕となし、悪い（汚れた）ものを禁忌〔ハラーム〕とする。

（クルアーン第7章157節）

だが、人間がハラールであるか否かを判断してはいけないとも記されている。具体的に、クルアーン第16章116節には、

あなたがたの口をついて出る偽《いつわ》りで、「これは合法（ハラール）だ、またこれは禁忌《きんき》（ハラーム）です。」と言ってはならない。それはアッラーに対し偽りを造る者である。アッラーに対し偽りを造る者は、決して栄えないであろう。

（クルアーン第16章116節）

とある。すなわち文字通りに解釈すれば、物事をハラール、ハラームとすることは、唯一神アッラーのみが持つ権利なのである。だが、実際には人間によってハラールであるか否かその判断が行われている。それ故に判断基準が異なり、またこれから述べるような本来ハラールとは何なのかを巡る混乱した状況が引き起こされることになった。

なぜハラールがビジネスとして着目されたのか

ハラール食品やハラール加工品が一大産業になるとビジネス界で騒がれるようになったのは、世界的にみてここ十数年のことである。2009年には『タイム』誌がハラールを特集した（Power, C. and Abdullah, S. 2009）。同誌は、ハラール食品の年間売上高は推計6320億ドルで全世界の食品産業の16％に相当するとし、食品の他、金融部門、観光、物流、ファッション、化粧品など無数の製品とサービスを加えると年間1兆ドルを超える規模となることを述べている。

日本では、インバウンド政策からこのハラールが着目されたといえるだろう。日本政府は訪日プロモーション事業として、2003年にビジット・ジャパン事業を開始した。また政府は2008年に観光庁を設置して、観光立国の実現に向けて外国人旅行者の招致事業を推進している。事業は確実に実を結び、2003年の訪日外国人旅行者数は521万人であったが、2017年には2869万人にまで達した（図表10）。また、2018年には3000万人を超えた。主に、経済成長を遂げた中国をはじめとするアジア諸国からの旅行者が増加するようになった。中でも特に注目されたのは、東南アジアからの観光客であった。マレーシアやインドネシア、タイ、ベトナムなどといった国々が経済発展中であることが理由に挙げられる。2011年3月におきた東日本大震災による原発事故で、その年の訪日観光客総数は一時的に下降したものの、現在においてはその数は上

図表10　訪日観光客総数　2003年〜2018年（全て確定値）

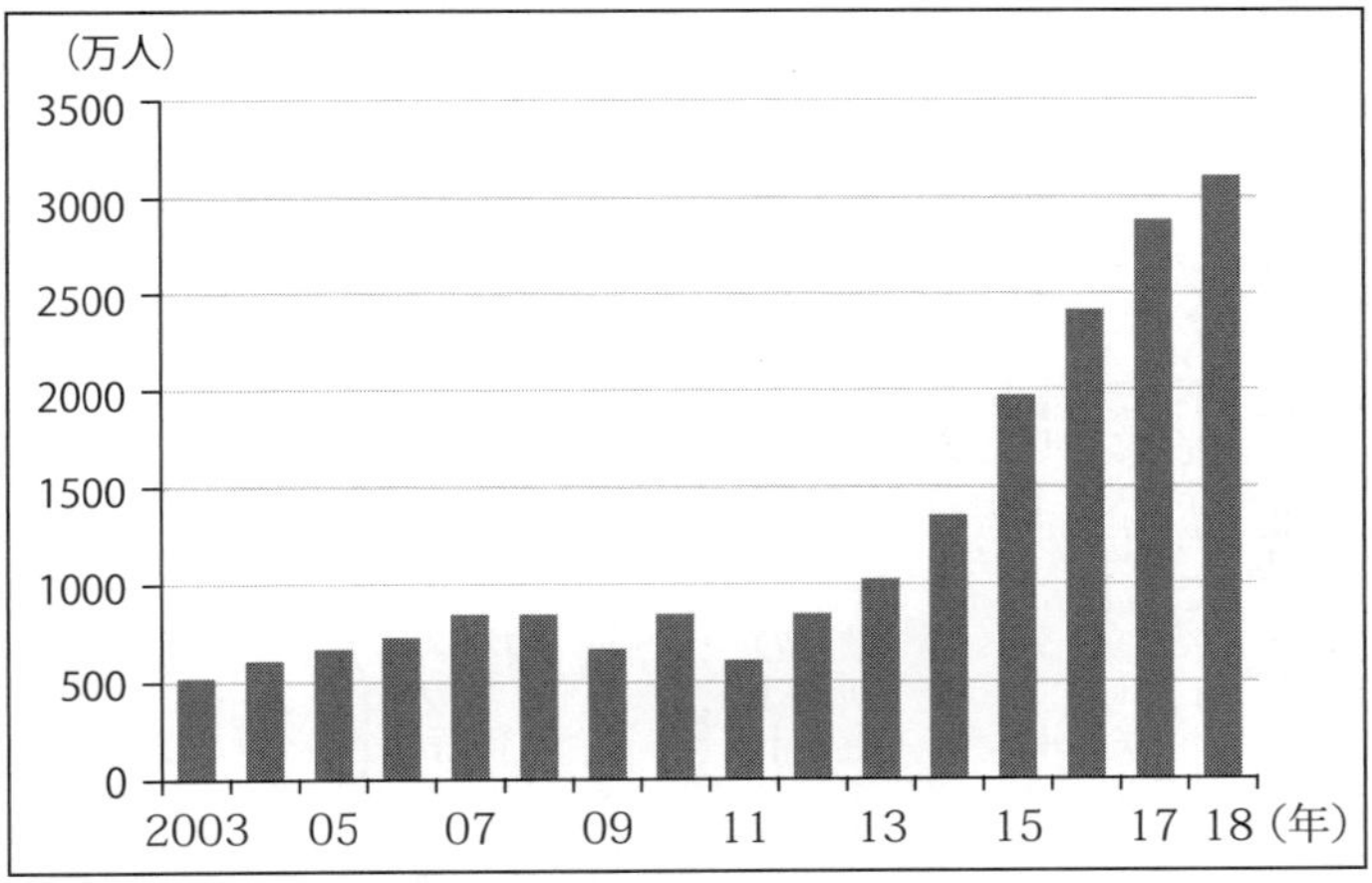

出典：JNTO日本政府観光局の統計値より筆者作成

図表11　アジア諸国からの訪日観光客数 2010年〜2018年（全て確定値）

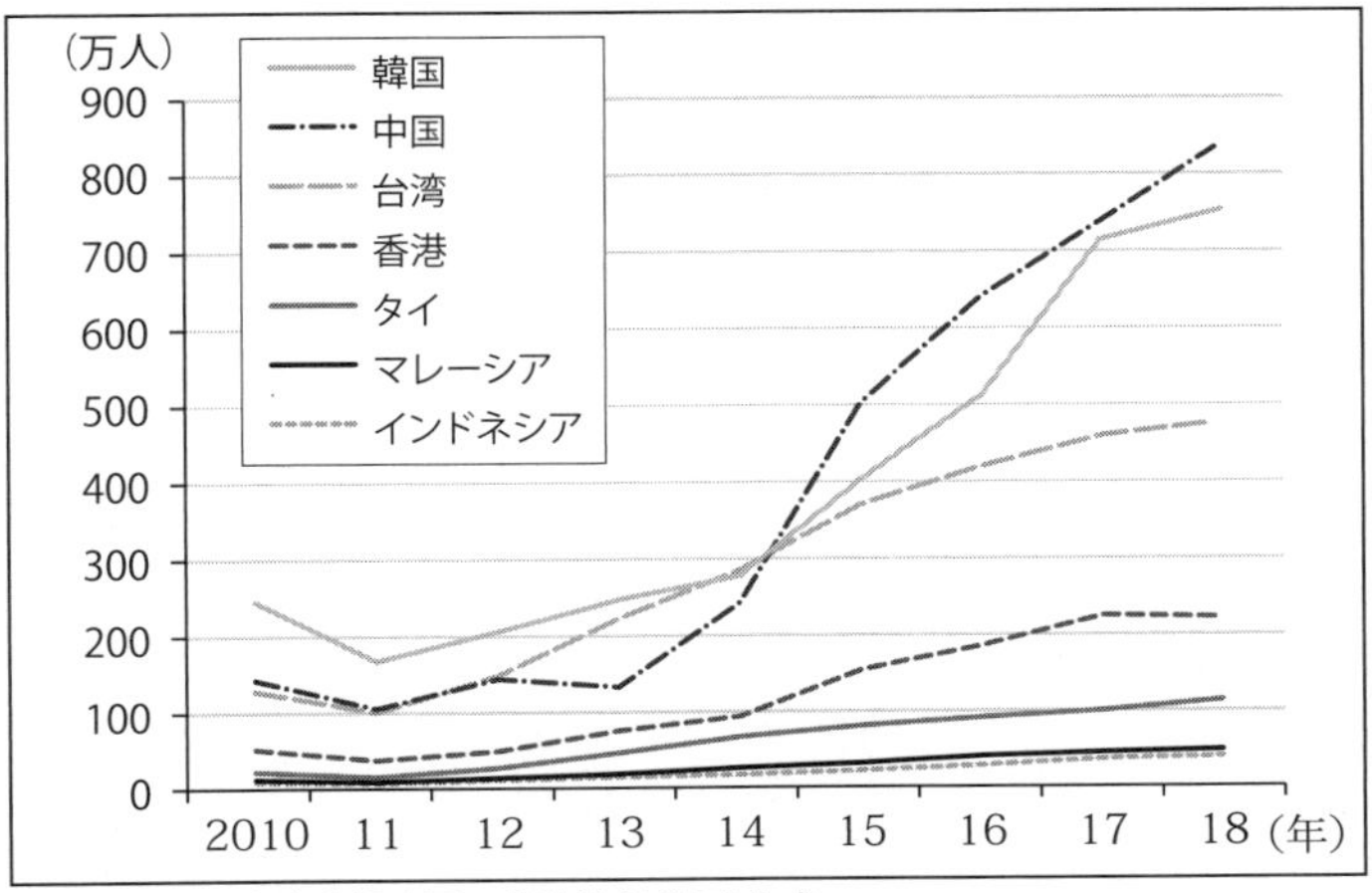

出典：JNTO日本政府観光局の統計値より筆者作成

昇の一途をたどっている（図表11）。

東南アジアはムスリムの多い地域である。例えば、インドネシアは87・2％がムスリムであり、世界で一番ムスリム人口の多い国として知られる。またマレーシアでは61％がムスリムであり、仏教徒（20％）やキリスト教徒（9％）を遥かに凌ぐ（ともに、日本国外務省ホームページの各国基礎データによる）。マレーシア総人口に対するムスリムの割合はインドネシアほど高くはないが、ムスリムが多数派であること、イスラームを国教としており、ハラールにおけるハブ構築に国家事業として取り組んでいる点で、グローバルな視野でのハラール事業を推進している国といえるだろう。

近年、これらムスリムの多い国々から日本にやってくる観光客が増加している（第4章の図表6）。だが、ムスリムが日本国内を観光するにあたって問題となったのが飲食物であった。もちろん、日本はイスラーム圏でないのは十二分に理解しているだろう。だが、ムスリムはいつどこに行っても「ハラームであること」は回避する必要がある。したがって、非イスラーム圏に滞在する場合であっても、ムスリムとしての義務は遂行しなければならない。特に、ムスリムにとって回避すべき豚由来の食材や調味料、あるいはアルコールが使用されていないか、そこが最大の問題となった。例えば、レストランでは注文したい料理に使用される食材を店員に事細かに尋ねる者がいたり、外食ではどうしても不安なのでスーパーマーケットなどの店舗で果物やナッツ類など加工されていないものを購入して食する者、さらには自分の国からわざわざ持参したハラール・マークの付いたインスタント麺をすする者がいたりもした。

こうした光景を見た非ムスリムの日本人たちが商機を見出したのだろう。ムスリム観光客への「おもてなし」における取り組みが日本でも少しずつ行われるようになった。２０１２年以降から政府や地方自治体も、情報を提供してムスリム観光客招致に向けた取り組みに着手していった。日本の経済界で、ハラール食品やムスリム観光客への対応に本格的に乗り出したのは、２０１２年以降といっても過言ではないだろう。

その後、観光業界のみならず、外食産業、食品製造業者や加工業者、あるいは輸出業者や商社、倉庫会社や運輸会社までもがハラールとは何か注目するようになった。日本各地で、ハラールについての講習会や勉強会なども開催されるようになった。もちろん、マスメディアもこのビジネス界の状況を報道するようになった。またこの状況に呼応するかのように、海外のハラール認証団体の認証を受けることができるようにするためのコンサルティング会社も一気に増えた。追って独自のハラール・マークを作ってムスリム観光客に対応しようという企業や団体も設立されるようになっていった。それら業者の多くは、非ムスリムの日本人と外国人ムスリムによって設立されたものだった。

日本のムスリムたち、とりわけ日本人ムスリムたちは、当初はこの状況を諸手を挙げて歓迎した。多くの日本人がイスラームに理解を示すようになったと考えたからである。これまではインターネット通販やエスニックタウンと呼ばれるような特定の場所に行かねばなかなか手に入らなかったハラール食品が街中に出回り、ハラール食を提供するレストランやハラール食材を取り扱うようになった食料品店が増えていった。さらには、日本食や日本食で使用される調味料の類にもハラール・マークを付けた物が売られるようになった。その上に、第4章でも見てきたように、ムスリム留学生が日本各地の大学などで増え始めたこともあって、学食や弁当屋でもハラール食材を使用したムスリム食がメニューに登場するようになった。こうしてハラール食が、非ムスリムの日本人にとってもより身近な存在となっていった。

ムスリム観光客数の増加はハラール・レストランやハラール食材を扱う店舗の増加だけに止まらなかった。相乗効果というべきなのだろうか、大都市のターミナル駅や空港施設、観光地、あるいは商業施設に簡易礼拝室が設けられるようにもなったからである。以前は、日本のムスリムたちが努力してこうしたイスラーム的な環境を整備しようとしても、なかなか非ムスリムの協力が得られず、設置することさえも難しかった。だが、ムスリム観光客への対応のために、非ムスリムの日本人たちがイスラーム的な環境をみずから積極的に整備し始めるようになった。

ハラール認証に対する日本人ムスリムたちの反応

ところが現在、これまでの状況を歓迎していた日本人ムスリムたちは、今や数十社にものぼるハラール関連の企業や団体、そして新たに創作されたハラール・マークを付けた食品が店舗で販売されていることに対して困惑し、不信感を募らせている。なぜか。非ムスリムの日本人があくまで商売としてムスリム観光客へのハラール・ビジネスに参入しているからである。一方で、ムスリムは宗教教義としてその食品が回避するべき対象であるか否かを判断しなければならない。その認識のギャップがあるからこそ、ムスリムたちはハラール・ビジネスの現状に危機感を持っているのである。

非ムスリムのビジネスパーソンたちの中には、消費者となるムスリムの目線から商品を売り込んでいこうと、イスラームについて学び、ムスリム以上に知識を持つようにもなった人もいる。その一方で、ビジネスに必要なテクニカルな知識の習得に止まっているのみで、商売が成功すればそれで良いという考えが根底にある者がいることは否めない。当然のことながら、日本国内でハラール関連のコンサルティング会社や認証団体が次々と設立されることを聞かされるムスリムたち、とくに日本人ムスリムたちはこの温度差を少しずつ感じていくこととなる。

一部の日本人ムスリムたちは、日本の企業が製造販売しているハラール・マークの付いた商品がムスリムたちにとって本当に安心安全であるのか疑っている。昔から見慣れている海外の認証団体のハラール・マークではない上に、日本の団体が創作したマークを付けているのだから、このマークはどのような団体の認証によるものなのか、認証方法は如何なるものであるのか、勘ぐるのは当然のことだ。

また、ハラール対応の食品であっても自然派志向あるいは健康志向の強いムスリムは、ハラールに対応せんがために代替の原材料として何か人工的な食品添加物を使用しているのではないかと不信感を抱いている。加えて、日本の食品添加物に関する法規制は、ヨーロッパのそれよりもゆるいために何か体によくない代替物が入っていないかとなおさら不安にもなる。現に、20代から30代前半の日本人改宗ムスリムに、日本のハラール食品の購入の有無について聞いてみると、ハラール・マークが付いていても、あえて買わないという意見を述べる者もいる。

もちろん、もともとはムスリム観光客用あるいはイスラーム地域への輸出用に開発・製造して売り出しているものだから、日本在住のムスリムを対象としているわけではないという業者の意見もあるだろう。日本人ムスリムの中には日本社会のためと思ってあえてハラールに対する否定的な意見を述べる者もいるが、一部のビジネスパーソンには、そうした日本人ムスリムたちの意見を無視する傾向があるともいえる。

なぜ認識の差が生じたのか

非ムスリムによるハラール・ビジネス参入は、将来的に問題が発生する可能性が高いことを本章の冒頭で述べた。もちろんムスリムと非ムスリムとの温度差があることもまた、これまで述べたとおりである。

この温度差の一要因は、ハラール関連企業や団体が次々と設立されたきっかけにある。ハラール関係企業や団体は非ムスリムによって設立されたものが多く、このような団体によって独自に作られたハラール・マークやハラール・フレンドリー・マークも複数存在する。また、それらのマークが本当に信用のおけるものなのか、その判断基準となるハラール認証のための審査基準や手続きの説明も不明瞭なところが多い。ではなぜこれほどまでに統一性もなく、複雑になってしまったのだろうか。ハラール食を扱う、あるいはこれからハラール認証を受けてハラール食を扱っていることをうたおうとしている非ムスリムのビジネスパーソンやレストランの経営者らに聞いてみると、「日本のムスリムが協力してくれなかった」と述べている。それはどういうことなのだろうか。

日本国内には、昔からハラール認証を行ってきた団体がある。日本ムスリム協会やイスラミックセンター・ジャパンがそれにあたる。いわゆる日本のイスラームの基礎を築き上げ、古くから日本国内のムスリム社会を支えてきた団体である。彼らの認証は、イスラーム圏の大学でシャリーアを学んだムスリムによって審査され、シャリーアに基づいた明確なものであり、厳しい審査基準がある。故に、審査をクリアするための時間も設備投資などの労力もかかることになる。もちろん、事業者はハラールとは何かその概念だけでなく、イスラームもきちんと学ぶことになる。一連の手続きを踏み、審査に通ればハラール認証が下りたこととなり、認証団体のハラール・マークを使用することができる。ハラール・マークは認証が下りたその証明である。だが、ハラール認証の審査は一度通れば、それでおしまいというわけではない。失効期限が設けられており、それまでに再度審査をしてクリアしなければ、ハラール認証の更新はできない。つまり常にハラール性を維持する行動が求められることになる。

先ほど述べた「日本のムスリムが協力してくれなかった」とは、認証のための審査が厳しすぎてハラール認証が下りなかったことはおろか、審査自体も受けられなかったことを述べているのだ。ハラールが日本の経済界で取り上げられ始めた当初、ハラール・マークを取得して店頭に掲げればムスリム観光客へのアピールとなることがいわれ、マーク欲しさに認証を受けようとする企業や店舗が出てきた。ところが、ハラール認証を行うイスラーム団体やムスリムたちにとっては、食品や加工品に豚由来成分あるいはアルコールが添加されているかいないかだけが問題ではなかった。彼らにとってより重要なのは、食品などを始め原材料、輸送、倉庫など、生産加工物が消費者の手に渡るまでのすべての過程においてハラール性が確保されているかという点にあった。認証を与える立場のムスリムやイスラーム団体には、食品加工のみならず、流通などすべての面において事業者や団体にハラールであることを守らせねばならない責務がある。ところが一方の審査を受ける業者や団体にしてみれば、審査が厳しく時間もかかるために、商機を逸してしまうことに不安を募らせた。また認証がなかなか下りなければ、ライバル会社に利益を持って行かれることにもなる。

不幸にも、日本のムスリムたちは日本社会において少数派の中の少数派集団であり、その構成は外国人ムスリムが主流となる。外国人ムスリムはそれぞれの出身国で集団を作る傾向が強く、同じムスリムだからといって、一緒になって何か行動する機会は少ない。日本人ムスリムに至ってはその数は1万人ほどしかおらず、それもほとんどが結婚による女性改宗者で、中にはイスラームの教義をどの程度理解しているのか疑問視される者もいる。日本のムスリム集団自体がうまくまとまっておらず、ハラール認証を受けたい非ムスリムのビジネスパーソンやレストランなどの関係者は、誰に相談すべきかもわからない状況であったといえよう。

ハラール・ビジネスに商機をねらっていたビジネスパーソンたちは、それならばと、自分たちで認証できるように団体を設立し独自のマークを作って、それを掲げることで、ハラール・ビジネスを展開しようとした。また、日本の加工食品を海外市場で売り込むためには市場となる国や地域で既知のハラール・マークを付けた方が有利である。そのために、海外のハラール認証機関（例えば、マレーシアであれば国家機関であるＪＡＫＩＭ：正式名称 Jabatan Kemajuan Islam Malaysia〈マレーシア・イスラーム開発庁〉、インドネシアであれば、ＬＰＰＯＭ　ＭＵＩ：正式名称 Lembaga Pengkajian Pangan Obat-obatan dan Kosmetika, Majelis Ulama Indonesia〈インドネシア・ウラマー評議会の食品・医薬品・化粧品検査研究所〉、あるいはＢＰＪＰＨ：正式名称 Badan Penyelenggara Jaminan Produk Halal〈ハラール製品保証実施機関〉）の認証を受けるためのコンサルティング会社も出てきたのであった。なお、インドネシアでは２０１９年10月17日に全ての製品にハラール認証状を義務付ける法律が施行されたため、その実施組織としてＢＰＪＰＨが設立されている。

こうして日本のハラール関連業者は加速度的に増え始めた。それぞれの企業や団体では、ムスリムというだけで、イスラーム法学者でも何でもない日本国内にいるムスリムたちを雇用して、非ムスリムとムスリムの共同で事業を行うことで、当事者性を持ってハラール対応できることを謳い始めた。お酒を扱わなければ商売が成り立たないレストランなどでハラール食を扱っていることを謳うためにハラール・マークが必要な場合、ハラール・フレンドリー・マークや、あるいはアラビア文字で「حلال」とのみ記したり、さらにはアルファベットで「ＨＡＬＡＬ」とだけ書かれた独自に作成したマークを掲示している店舗も登場するようになった。このように日本のハラール・ビジネスは独自の考えや視点からそれぞれ事業が行われ、まとまりを欠いたまま展開されることとなったのである。

このような複雑で混乱した状況を作ってしまった一因は、確かに日本のムスリムたちがイスラームの教義に厳格すぎたために、認証を取りたい業者などへの対応に後れが生じたことにあった。結果として、日本の企業や店舗の経営者たちは、ハラール認証取得においてムスリムたちは「非協力的」と受け取ってしまった。日本のムスリムたちの対応が日本国内の複雑で混乱したハラール事情を作っただけでなく、ハラール関連企業や団体を増やした理由となってしまったのは、否めない事実である。

もちろん、イスラームの宗教教義だから、ハラール認証はその規定通りに厳密にしなければならないことは理解できる。だが、日本のハラール事情がここまで複雑になる前に日本国内のイスラーム団体が、イニシアティブをとってハラール認証に迅速に対応すべきだったのではと筆者は考える。

理想と現実の狭間で：何故、対応できないのかを理解する

ムスリムおよび非ムスリム双方の意見を勘案すると、非イスラム圏においてムスリムがムスリムとして生きるのであれば、その社会における時代や、社会に見合った考えや動きをしなければ、非ムスリムと共に生きる社会を構築することは難しいと筆者は考える。宗教教義だからとはいえ、頑なな態度で留まり続ければ、相手と手を取り合うことはできない。一方で、非ムスリムがビジネスに腐心するあまり、イスラームを利用して利潤を得ようと目論むのであれば、その信徒であるムスリムから反発を食らうことは当然のことである。ましてやムスリムがどうしてもできない、譲れないなどの理由がある場合、その理由を理解しようとすることが先決である。イスラームについての理解や知識が深まれば、解消する問題も多々あるからだ。その努力を怠ったまま自らに都合のいいルールを作って代替案とするならば、ムスリムたちはハラール・ビジネスにまい進する非ムスリムたちが宗教教義を捻じ曲げたとみなすだろう。またそのような者たちはムスリムからの信用を失い、相互が今後の協力関係に至ることは困難となる。共存共栄にはお互いに手を取り合うことが必要なのだ。

一部の読者は、これまでのムスリムたちのハラール事業における対応はイスラームに対する信仰心の表れであるか、あるいは非ムスリムが商売の道具としてイスラームに接することへの嫌悪感を露わにしただけの感情論ではないのかという意見を持たれるかもしれない。だが、そもそも彼らは、ハラーム以外のものは全てハラールであるという認識だ。言い換えれば、禁止されている物事や言動について、ムスリムたちは注視しているのである。また以下の点でも非ムスリムとの考えが異なる。

1．イスラームには、ムスリムはイスラームに関することは無料で行うこと（商売にしない）という教えがある。イスラームの知識は共有されるべきものであり、共有することはダアワ［布教］につながるからである。ダアワをすることはイスラーム的に良いことである。良いことをすれば、天国への道が保証されることになる。したがって、ハラールについて知りたいという者には、無償でハラールの知識を与えることになる。この見解から、これまで一部のムスリム、特に日本人ムスリムはハラールをビジネスにしようとは考えなかった。

2．イスラームを信仰するということは唯一神アッラーとムスリム個人との間での直接の契約に基づくものである。たとえ教義であるとしても、ムスリム本人の意志（「ニーヤ」という）がなければ、その行為も宗教的な意味を持たないことになる。したがって、いくらその言動がハラールであるからといっても、相手からおしつけられてやるべきことではない。

3．歴史的には、これまでハラール、ハラームの規定は成文化されていなかった。またスンナ派の主流の法学派は四つの学派があり、それぞれが少しずつ異なる法解釈を行っている。したがって、イスラーム諸国間でも食品などのハラール基準が統一されていないし、またできない。

4．先述したように、クルアーンには人間が勝手にハラールだ、ハラームだといってはならないと記されている。したがって、イスラーム法学者でもないムスリムが他の法学者との議論を重ねることなく独自に判断してハラールの基準を作り、それを社会に広め日本社会に見合ったものにすることは、イスラームの教義を勝手につくり変えたことになり、教義から逸脱することとみなすことができる。

以上の点から、ムスリムがハラール認証に協力しなかったというよりはむしろハラールに対する認識のずれが生じた結果でもある。

日本人ムスリムの意見として

混沌とした日本のハラール事情、およびハラール・ビジネス関連業者との認識のずれについて、日本人ムスリムたちは実際にどのような意見を持っているのだろうか。筆者は、宗教法人日本ムスリム協会理事の遠藤利夫氏に、現在の日本のハラールの状況について意見を聞いてみた。遠藤氏によれば、以下の点を指摘できるという。

1. ハラール・マークやハラール認証を取得してもそれが維持できないのなら、最初から取得せず、またハラール・マーク、ハラール認証を看板や店頭に掲示しない。ただし、ムスリム向け食品であることがわかる表記をするのが、一番良い（筆者注：下記の項目3にも関連する。ハラール食品に関しては、食品のハラール性が出身国や地域によって若干異なる。したがって、「これがハラールです」と言い切ってしまうことは簡単にはできない。もしかしたら、所によってはハラールではない可能性があるからだ）。

2. 大学などの学生食堂では、「ハラール食」という表現を避ける。例えば、ムスリム向けの食事なので「ムスリム食」といってもよいだろう。

3. ハラールについては、イスラーム諸国でも、国や地域により対応が違うことを理解する。また各ムスリムの家庭にも差があるということを認識する。

4. ハラールかどうかはムスリム各自が最終的に判断するものなので相手からハラールについて問われない限り、こちらから尋ねないようにする。イスラームの信仰は、アッラーと本人との直接関係であるので、健康状態など本人の都合でどうしても教義の通りにできない時がある。そのため、配慮が必要となる。

5．ムスリム向け食品などを販売する企業は、商品パッケージにある成分内容、原材料などを訪日観光客が自分で判断できるよう英語ならびに多言語で表示する。

6．訪日ムスリム観光客などを受け入れる事業者は、イスラームが他の宗教とは信仰心の体現方法が違うことを知ることが必要である（筆者注：遠藤氏によれば、ハディース・〈ブハーリ〉に「信仰は行為である」という言葉があるという）。クルアーンがアッラーの言葉として絶対視されていること、預言者ムハンマドの言行を日々の指針としていること、第1章で説明したように、イスラームの教えの根本である六信五行を理解することがムスリムに求められる。訪日ムスリム観光客へは、ムスリム・シェフの有無、原材料の明細、保管場所、厨房は専用か共用か、食器の区別などの情報を公開し、判断は本人に任せる（筆者注：過剰な反応ともとられるが、信徒としては、いつでもどこへ行っても守らねばならないことであるので、情報公開が重要となる）。

7．非イスラーム圏の国として、シャリーアの尊重と適用は別個のものと捉える（筆者注：イスラーム法は唯一神アッラーの啓示によって定められた法である。したがってシャリーアを尊重することはイスラームと常に接する者にとって当然のことである。だが、日本は非イスラーム圏の国であるから、シャリーアを順守することが難しい場合もある)。

8．日本の法律もまた順守しなければ実生活において罰を受けることになる。シャリーアは尊重すべきだが、実生活において日本の法律に違反するなら、その適用が難しいこともある。その点を理解しなければならない。

日本人ムスリムの意見を聞く限り、できる限り成分表示などの情報さえ明示されていれば、後は特別なことをしなくともムスリム個人に任せて良いように思える。現に筆者が、訪日ムスリム観光客の姿を多く見ることができる富士山周辺地域におけるフィールドワークで、山梨県富士河口湖周辺を巡った時も、ハラール・マークを看板に掲げているレストランはインドカレー店とその支店の2店舗のみであった。それ以外の店舗では事前予約でムスリム観光客に対応するところが主流である。また多くのレストランでは看板やメニューを英語表記にしているのみである。しかもメニューには英語で豚肉、鶏肉、牛肉と表記されているのみである。ハラール・マークの有無にこだわらないムスリムたちには以上の英語表記だけでも注文することができる者がいるのだから、日本人改宗者たちが「情報を開示し、あとは本人たちに任せるのが一番」という理由がよくわかる。

誰のためのハラール食品なのか

ハラール・ビジネス、とくに訪日ムスリム観光客数の増加によるハラール食を扱うレストランやスーパーマーケットなどの店舗の増加は、日本のムスリムたちの食にも影響を与えている。日本国内において流通するハラール食品は、日本で家族とともに生活するムスリムや日本人でイスラームに改宗した人々、また近年増加しているムスリム留学生も利用するからだ。

高校生の時に日本に短期留学し、その後日本の大学院に入学して日本の現代社会を研究するインドネシア人の女性ムスリム留学生は、日本のハラールの状況について以下のように話す。

短期留学で日本に滞在していた時は、街中ではハラール食品を扱うレストランはなかなか見つけることができなかった。だけど、今はハラール・レストランが増えるようになってムスリムにとってずっと良い。今はいろいろと課題があるけど、ハラールは今後良いものだけが残るようになっていくだろう。

一方で、一部の日本人ムスリムたちはこうも話す。

ハラールといってしまうのが良くない。「郷に入ったら、郷に従え」という考え方もまたあるのだ。そうでないと日本社会で暮らしていけない。もめ事を起こしてまで、イスラームを主張すべきではない。イスラームは平和を尊ぶ宗教であるからだ。ムスリムたちの間でさえも、厳格である人、そうでない人、様々な人がいることを知ってほしい。それに地域間や家族の考え方の違いもある。「ハラールだ」とあえていわなくとも、これは何を食材に使っているという情報提供さえあれば、判断はムスリム各人で行う。

実際にハラール・レストランを利用し、ハラール対応した日本の土産物を購入しているのは訪日観光客だけではない。日本在住のムスリムや日本人ムスリムも利用する。彼らとしては利便性が高まるため、ハラール食を扱うところが多くなることは歓迎している。ただし、これまで述べてきたように、ハラール食に対応する上で、あまりに複雑で混乱したハラール事情が日本には存在する。だからあえてハラール・マークにこだわりたくないというムスリムもいるのだ。

また筆者としては、訪日ムスリム観光客への対応のためだけにハラール食を扱うことには抵抗がある。なぜムスリムだけに気を遣うのか。宗教食に対応するなら、他にもユダヤ教徒向けのコーシャ食も扱わねばならないし、牛を神聖視するために牛肉を食べないヒンドゥー教徒に対しても同様に気を遣わねばならない。あえてくり返すが、ムスリム観光客数が増加したからハラールに対応するということは、商機がそこにあると思っているからだ。だが、前記のような他宗教の信者の訪日観光客も数多くいるはずである。彼らの視点からみれば、イスラームだけが特別待遇を受けているとみなされてもおかしくはない。すなわち、特定の宗教のみが配慮されることで、その宗教の信徒もまた優遇されることとなる。その状況は他宗教の信徒にとっては、自分たちの宗教が差別されているというネガティブな思考に陥る危険性をはらんでいる。

では、どうすればよいのか。これまで述べてきたことを総括的に捉え、かつ筆者がフィールドワークで見てきたことや、滞日外国人ムスリムや日本人ムスリムへのインタビューの結果の限りにおいて述べてみよう。

筆者は、日本のハラールの混乱状況を収拾するために、過去から日本のイスラームを支えてきた日本のイスラーム団体がイニシアティブをとって行動するべきであると考える。イスラームのことを真摯《しんし》に考えて、かつ日本のイスラーム活動をこれまで支えてきているからだ。また食のハラール対応は、以下の基本方針を実践することで今後十分に対応できると考える。

1. ハラール・マークを掲示しない(あえてハラール認証を申請しない)。
2. 何を食材として扱っているのか、可能な限り食品成分表を多言語で情報開示すること。
3. 口コミやSNSを利用すること。

ハラール・マークを大々的に掲げることで何が起こるかといえば、確かにムスリムが安心安全に利用できることの証明にはなる。だが、その店舗はムスリムしか利用できないと非ムスリムに思われる可能性が出てくる。たとえハラール・マークを取得していなくとも、ハラール食材を利用していることや、詳細を記した食品成分表をメニューに掲載することだけでムスリム自身に判断してもらえる。だがハラール・マークを掲示することはムスリム専用の店舗として見られることになり、ムスリムへの配慮が実は逆に非ムスリムの日本人の足を遠のかせることになる。したがって成功をおさめるような商売にはならない。またハラール・マークや認証の発行は、ムスリムにとって良いものとされているが、実際はお客として店舗を利用するムスリムたちの負担となるビジネスになっている。その理由は、ハラール認証申請費用や更新費用、あるいはハラール・マークの使用料がかなりのコストとなるため、商品の値段にそれら費用が上乗せされるか、あるいは原材料費（食材費）を削らなくてはならないからだ。この点からも、儲けのある商売にはなりにくいのである。

事実、日本人ムスリムの間でもいわれていることとして、全てではないが、ハラール・マークを掲げているレストランは、往々にして「高くてまずい」という意見がある。このように述べると、店舗からムスリム観光客の「いちげんさん」のみを相手にしているのだから構わないといわれるかもしれない。だが、口コミやSNSの効果は絶大だ。筆者もムスリムを食事に招待する時は必ず、ハラール食対応ができるか、おいしいかまずいか、サービスの良いお店か否かをインターネットで調べ、かつ知り合いの日本人ムスリムに聞く。それでもわからない場合は、先に自分で試しに利用して利用できるかどうかを判断する。ハラール食の取り扱い情報は今やインターネット検索で十分に出てくるようになっている。ツイッターやインスタグラムなどのＳＮＳでも「ここはハラール食を扱っている」と発言すれば、それが一気に拡散する。あえてハラール・マークを掲げなくとも、「ハラール食に対応しています」という文言を利用客に拡散してもらうだけでよい。もちろん、「料理がとてもおいしい」「サービスが良い」と評価されると、さらに利用してみようという気になる。現に、このところ都内を中心に扱う店舗が増えているハラール・ラーメンは評価が極端に割れるところが多く、筆者は必ず利用者に聞くようにしている。

もちろん多言語化も重要だ。あるハラール・ラーメン店ではムスリムや日本人よりもむしろ中国人観光客の方が多かった。おそらく、中国語でのインターネット検索によって上位に検出されるようになっているのか、あるいはＳＮＳに誰かが投稿した結果だろう。まるで中国国内で食べているかのようであった。

ムスリム非ムスリムに限らず、口にする物については安心安全でありたい。ましてやハラール食に対応することは、イスラームの持つ宗教性が関わってくることを意味する。その宗教性を理解しないことには、本当の意味でのハラール対応はできない。日本国内の混乱した状況は、当面続きそうである。だが、ハラール食を扱っているにもかかわらず、あえてハラール認証を受けていない店舗も出始めており、口コミからか大勢の客で賑わっていることを30代の日本人ムスリムから聞いた。先述したインドネシア人ムスリム留学生や日本人ムスリムの意見のように、少しずつではあるが、日本のハラールの状況も変化しているといえよう。

第7章　日本とイスラームの共存に向けて

日本とイスラームの共存について

これまで本書の中で、日本におけるイスラームの歴史と現状、そして現在の課題として2つのテーマを取り上げて論じてきた。では、日本とイスラームの共存に向けて何がいえるだろうか。初めに、まとめとして再度全体を振り返ってみよう。

第1章ではムスリムの思考や言動を掌《つかさど》るイスラームの教義について述べた。ムスリムはどの時代においても、またどの国や地域においても、イスラームの教えの通りに実践することを心掛けようとする。それが信徒としての義務でもあるからだ。またイスラームは時代や社会状況に応じて教義を変えることはない不変の宗教でもある。但し、イスラームには多様性がある。成立1400年が経ち、既に世界中に広がっているからだ。

例えば、スンナ派には4つの大きな法学派がある。教義の解釈において、これらの法学派が全く同一の見解を出しているわけではなく、微妙な違いを有している。また伝播した地域の伝統文化と

ないのである。

の融合もみられる。同じイスラームであっても詳しく見ていくと、実際は全く同じというわけでは

では、日本のイスラームはどうであろうか。日本にイスラームが流入したのは、近年のグローバリゼーションによるものではない。実際は明治時代からの長きに亘る歴史が存在する。第2章で述べたように、日本におけるイスラームの歴史を概観すると、戦前と終戦以降、外国人労働者大量流入、そして現在と、時代ごとに特徴があることがわかる。

戦前は、国策として回教政策が行われ、政策に従事する日本人が改宗するケースが見られた。また日本政府は海外からイスラーム知識人を招聘《しょうへい》して政策に利用することを目論み、亡命タタール人を国内に受け入れた。終戦以降は、戦前戦中にイスラームに改宗した日本人と、当時留学や仕事で日本に滞在していた外国人ムスリムとの協働で日本のイスラームの基礎づくりが行われていった。ただし当時は非常に小規模なコミュニティでしかなかった。その状況に変化が生じたのは、1980年代後半からの外国人労働者大量流入であった。当時多くの日本人にとって縁遠い国々であったイラン、パキスタン、バングラデシュから来日したムスリム労働者の流入は、日本人とイスラームとの出会いをもたらした。また、ムスリム労働者との結婚をきっかけとしてイスラームに改宗した日本人が増えることとなった。さらに日本国内で家庭を築くことによってムスリム第2世代が新たに誕生した。現在では、ムスリム留学生数の増加やムスリム観光客対応などで、非ムスリムの日本人によるハラール・ビジネスが展開されている。

第3章では日本人ムスリムについて、とくに日本にイスラームが広まっていった1990年代から2010年頃までにイスラームに改宗した日本人たちに焦点を絞り、5名の日本人ムスリムへのインタビュー結果に基づき論じた。日本人改宗ムスリムの場合、改宗後はモスクで行われている勉強会に出席するなどイスラーム的な環境に身を置く者や、無理のない程度にイスラームの教義を実践する者もいた。すなわちムスリムとしてのアイデンティティは、イスラーム的な環境の中で育まれていくのである。

第4章では外国人ムスリムの歴史と実態について考察した。とくに結婚によって多くの日本人ムスリムを誕生させることとなった1980年代後半から1990年代にかけて、就労目的で来日した外国人ムスリムに焦点を当てて、日本におけるイスラーム的な生活に関する調査結果を踏まえて論じた。

就労目的で来日した多くの外国人ムスリムたちにとって、イスラーム的な生活は問題ではなかった。それ以上に彼らは滞在・就労ビザの問題の方が重要であった。日本で合法的に安心して働くためには、日本人女性との結婚による配偶者ビザの取得が一番容易な方法であった。しかしながら、多くの日本人が一神教徒でなかったが故にイスラームに改宗しなければならなかった。

また日本で就労している外国人ムスリムへの調査においてわかったことは、現在でもこの合法的かつ恒常的なビザの取得・確保の問題は続いていることである。そこで第5章では、現在の課題として「難民ビザ」を所有するムスリム労働者について、インタビューに基づきその実態を紹介した。

さらに現在との比較のために、1990年代に就労目的で来日した外国人ムスリムと結婚した日本人改宗者へのインタビュー結果を述べた。さらに、2019年4月から施行されている外国人材受入れ政策における課題についても述べた。

第6章では、もう一つの現在の課題として、非ムスリムの日本人が積極的にイスラームを知って取り組もうとしているハラール・ビジネスについて論じた。また、ハラールがクルアーンでどのように述べられているのかを紹介し、日本におけるハラール・ビジネスの現状と、それに対する日本人ムスリムの意見について述べた。

以上の論述を踏まえて何がいえるだろうか。

第一に、日本におけるイスラームの歴史の中で、いつの時代においても外国人ムスリムの存在がなければ、日本のイスラームは広まることがなかったということである。だがそれは同時に、多くの日本人にとってイスラームは海外の宗教文化であるという認識であり、また常になじみのない宗教でもあることをも示唆している。

第二に、イスラームの価値観の相違である。例えば、改宗ムスリムの場合、たとえイスラームに改宗したとしても理解すること自体に時間がかかる。改宗ムスリムの中には結婚する前にムスリムになってイスラームを理解しようと努力する者もいる。だが、そのような者であっても、生まれながらのムスリムである配偶者とイスラーム的な感覚を共有するには相当の時間がかかる。

以下、今後の日本とイスラームとの共存を探る意味でも、まずこの2点について考察する。

(1) 外国人ムスリムの存在

初めに外国人ムスリムの存在について考えてみよう。彼らの存在があってこそ日本国内にイスラームという宗教文化が流入し広まっていった。ただ時代ごとに、日本社会が彼らに求めてきたことが異なっていた。戦前は国策としてイスラームを知る必要があった。そのために当時の日本は、イスラーム活動を行っていたイスラーム知識人や祖国を追われて亡命先を探していたムスリムたちを積極的に利用することを考えた。だからこそ非ムスリムの日本人たちは彼らを日本国内に受け入れ、その活動に注目していたのだ。

日本におけるイスラームの歴史の中でも、とりわけ外国人ムスリムの存在の影響が強かったのは、1980年代後半以降の就労目的の外国人ムスリムの流入である。

1980年代後半から日本は好景気に入った。人手不足に陥り、海外からの出稼ぎ労働者を積極的に雇用していった。こうした外国人の日本への流入により、彼らの文化もまた日本に流入することになった。もちろん外国人ムスリムを受け入れるなら、当然のごとく彼らの文化であるイスラームもまた日本社会に入ってくることになる。だが、多くの日本人にとってイスラームは遠い地域の宗教文化であり、ニュース報道などのマスメディアで知る程度であった。いまだに多くの日本人はイスラームについて、テロ活動などの報道されている内容や教義の厳しさをそのままイメージする傾向にある（小村明子２０１５）。故に、日本人個人がイスラーム（ムスリム）と関わる場合でも、当初は個々人が抱えるイメージに影響され、イスラームという宗教はもとより、その宗教を信じるムスリムについても否定的に捉えてしまうだろう。

ところが、ムスリムとの友人関係が構築される中で、彼らからイスラームの本質を教わるのだろうか、非ムスリムがイスラームに肯定的なイメージを持つようになる。それは第3章で述べたように、日本人改宗ムスリムの改宗のきっかけにおける、外国人ムスリムとの関係をみていくとわかる。すなわち、自分から進んでイスラームに改宗した日本人ムスリムは、改宗以前に留学先や仕事場で外国人ムスリムと出会い、彼らとの交流の中でイスラームに触れている。具体的に、第3章で登場したCさん、Dさん、Eさんのケースである。彼らが出会った外国人ムスリムは決してイスラームを滔々《とうとう》と説く人たちではなかった。もちろんムスリムとしての自然な振る舞いはあるが、厳格な印象ではなかった。目の前で時間になったからと礼拝するのではなく、イスラームの良さを力説することもない。相手への配慮やお茶会などで一緒に時間を過ごすことによって、ごく自然にムスリムであることを伝えていたのである。緩やかで、それでいてムスリムであることも自覚しているから、身のこなしが自然とイスラーム的なのである。だからこそ非ムスリムが彼らとの交流を通して、イスラームをすんなりと理解することができたといえよう。

これまでイスラームの本質に触れることのなかった日本人は、彼らのような穏健なムスリムを通して、イスラームとは何かを知り、理解していくことになる。ただこれには限界がある。さらにイスラームを理解した上でなおかつ相手に対して寛容でなければ、いくらイスラームに対する肯定的なイメージを持っていたとしても、本当の理解には至らない。交際している外国人ムスリムから結婚の条件としてイスラームへの改宗を求められたときに拒否した女性がいたことからも、その難しさを窺い知ることができる。

またムスリム観光客のような短期滞在者であっても、日本社会に大きな影響を与えるといえる。中長期滞在のムスリムは、日本人と接する機会が多くなるのはいうまでもないが、短期滞在者となるムスリム観光客数の増加もまた非ムスリムの日本人にイスラーム的な知識を与えることになる。例えば、日本国内におけるムスリム観光客への対応策を取り上げてみよう。インバウンド対策としてのハラール食への対応はムスリム観光客が増加したことによるものである。食品業界もさることながら、外食産業やスーパーマーケットの小売店舗の従業員もまた、知識としてハラール食を知る機会を得る。また同じくムスリム観光客対応として、観光地や商業施設、公共交通機関などの施設で簡易礼拝室が設置されるようになっている。こうしたイスラーム的な場の開設に伴い、これまでイスラームに触れることがなかった人々（設置場所となる施設の関係者、施工業者や工事関係者など）も知る機会を得ることになる。すなわち、短期か中長期滞在かにかかわらず、ムスリムの人数が多ければ多いほど、当然のことながら社会はその影響を受けることになるのである。

（2）イスラームの価値観：宗教としてのイスラーム・文化としてのイスラーム

次に、もう一つの視点となる価値観の違いについて述べていこう。多くの日本人はイスラームについて異国の宗教文化であるという認識を持つ。しかし残念なことに、イスラームを知っていく中で、その価値観を誤解したままイスラーム（ムスリム）と向き合っている。どういうことなのか。事例として、ハラール・ビジネスを取り上げてみよう。

まず、イスラームの価値観への十分な理解のないままに非ムスリムたちがハラール・ビジネスにまい進する現状を指摘することができる。

ハラール・ビジネスは宗教としてのイスラームを知って理解しているように見える。だが、実際は食文化の相違という点から経済界で注目されているにすぎない。すなわち、アルコールや豚由来の食品の回避、キッチンの清浄性の維持などテクニカルな方法に基づいて、如何に売って儲けるかということだけを考えたビジネスである。故に、ムスリムたちがハラームを中心にして、物事や言動の善悪を考えているのに対して、ビジネスにおいては、ハラールとは何かのみが注目される傾向にある。

ムスリムにとって、ハラームである事例を回避することは、真正なムスリムとしての日常生活を送るための指針となる。真正なムスリムであろうとして努力するほど、来世において天国に入ることを許されることになるからである。本来ムスリムのためにあるべき食のハラール対応は、現代社会においては「ハラール食」であることを追求するあまり、非ムスリムのビジネスの道具として機能している。結果として、誰のためのハラール対応なのかという疑問が多く生じることになる。

こうした宗教としてのイスラームを無視して、文化としてのイスラームを注視することでイスラーム的な環境が整備されていくことは、社会にとっては多様性をもたらしているように見える。しかしながら、実際はムスリムとの価値観がずれており、いずれは日本国内のムスリムと非ムスリム双方の間で軋轢《あつれき》が起きる可能性がある。

そもそもイスラームだけに限ったことではないのだが、どの宗教も文化とつながっている。例えば、キリスト教文化というように、聖人絵画や彫刻、教会建築や聖歌など宗教に基づいた文化が花開いている。おおよその宗教が文化的な特徴から判断される傾向にある。なぜなら、それは可視化されているからだ。ただイスラームの場合、その教義は詳細で厳しいものであり、かつその原理主義な性質がしばしば強調される。イスラームも同様に、文化的な側面も宗教的な側面もある。だが、その原理主義的な教義が衣食住に強く反映している。例えば、イスラームにおける服飾文化であれば、ヒジャーブ（スカーフ）とアバーヤ（イランでは、チャードル）、ニカーブなどといった女性の服装をその特徴として挙げることができるだろう。これらの服装は女性の美しさや体の線を隠すためにある。その目的は男性の好奇の目から女性を守ることにある。故に、ムスリム女性の服装は、地域によっては煌《きら》びやかさを抑えた全身真っ黒な色であったり、時には女性の顔さえも隠したりすることが主流となることもある。その光景が見慣れない人には特異に映るために、教義の厳しさの一面ばかりが強調されることとなる。そうなると、その表面（ヒジャーブやニカーブ着用などの宗教教義の表層部分）を捉えがちになり、その価値観（なぜそうするのか、そうすることで何が利益としてもたらされるのか）まで理解するのが困難となる。

文化という視点で宗教を考えた時、そこにはどうしても目に見えている事物（衣食住や美術工芸品・建造物など）ばかりに焦点がいく傾向がある。だがその本質は、価値観や信条あるいは規範といった目に見えないところにある。こう考えると、文化は氷山に似ている。すなわち、氷山の大部分は海水に隠れている。目の前にある事物そのものは氷山の頭の部分、つまり目に見えている部分だ。それ以外の価値観や本質などは海水面の下に隠れていて目に見えにくい。だから気づかないのだ。

異文化を理解するならその意識下にある価値観まで見ていくことが必要である。しかしながら、価値観を意識するのは、他者との間で自分自身の持つ価値観と比較する時や対立する時に鮮明になる。すなわち他者とのコミュニケーションを図るためには、それぞれが異なる価値観を持っていることについて知り理解を深め合う必要があるのだ。

では以上の２つの視点から何がいえるだろうか。異なる価値観における相互理解の難しさに焦点を絞って、もう少し考察してみよう。

「イスラーム＝宗教∨文化」を理解すること＝イスラーム的価値観の理解

異なる価値観について理解を深めることは、それほど容易ではない。この困難な状況は、これまでイスラームという宗教自体にあまり興味がなく、結婚をきっかけとして改宗したという日本人女性改宗者にみることができる。本書では掲載許諾の関係上、事例として載せることができなかったが、外国人ムスリムと結婚し、その後離婚を経験した人の多くが、イスラームへの改宗を結婚の条件、あるいはある種の通過儀礼として捉えており、また結婚当初からイスラームという宗教自体にあまり興味がないので、勉強することもないまま日常生活を送っていたのである。そのような改宗者は、イスラームを配偶者の宗教であり、改宗者自身の宗教文化ではないと考える意識が強いといえよう。またこのような改宗者はイスラームを教義の部分、すなわち儀礼の面のみで理解し、表面的に捉えている。儀礼で捉えるということは、「そういう習慣である」という文化を重視した発想である。したがってその表面下にある、宗教教義から来る価値観を意識的に理解することが容易ではないと見ることができる。

イスラーム的な価値観については、たとえ超過滞在などで日本人との結婚を切望するような現実問題を抱える外国人ムスリムであってもそれを覆すことはしない。彼らは自分の宗教であるイスラームを捨ててまで合法ビザを取得しようとは考えていない。彼らにとってイスラームはもともと自分自身と家族の宗教であるだけでなく、自分という存在を掌る「絶対的」価値観でもある。したがって、ムスリムであることをやめることは自己否定につながることになる。例として、第5章で取り上げたFさんの現状を述べよう。

Fさんは、できれば日本人女性ムスリムを紹介してほしいと再度筆者にメールを入れてきた。筆者はもちろん紹介するつもりはない。なぜ「日本人」でかつ「ムスリム」にこだわるのか、納得できないからであった。そこでなぜ日本人でなければならないのか、日本にいる他の国の女性ムスリムではなぜいけないのか、と返信したところ、「日本人女性ムスリムと会うことは滅多にできない、だから知っているのであれば是非紹介してほしい」というものであった。それでも完全に筆者の質問に答えていなかったので再度問いただすと、観念したのか「配偶者ビザが欲しい」とメールで返してきた。また彼の言い訳というべきだろうか、自分の周囲のパキスタン人もビザ目当てで日本人女性との結婚を考えている人が多いことも述べていた。

Fさんは、非ムスリムの日本人女性は数多くいるし、いつでも結婚できると考えているのだろう。最終手段として、非ムスリムの日本人女性との結婚を考えているのは、その後にFさんから送られてきた別メールの文面から読み取ることができた。

ただし、Fさんや彼の周囲のパキスタン人の言動についてはさらに深く考える必要がある。確かに彼らは日本で長く働きたいという自分の願いを叶えるために日本人女性を利用しているとみなすことはできるだろう。だが、１９８０年代から１９９０年代にかけて就労目的で来日した外国人ムスリムたちのことを思い出してほしい。その当時の外国人ムスリムのインタビュー結果にもあったように、結婚するにあたってどうしても日本人女性がイスラームに「心から」改宗することを望んでいた。もちろん、相手の女性が拒んで結婚に至らなかったケースもあった。結婚できない可能性があったとしても、イスラームに改宗することを結婚の条件とする、そこに彼らのイスラームに対する信条が表れており、彼らがイスラーム的な価値観・思考を常に重んじていると考えられるのだ。また、たとえ非イスラーム地域であっても、彼らは決して自分自身の宗教文化を失うことなく維持することを選択していると捉えることができる。逆に、彼らのこうした強い価値観によってイスラームが日本に広まっていったともいえる。それはモスクの数が１９９５年以降急激に増えていることからもわかる（第２章の図表３）。

もちろん自らがムスリムであることを忘れて、お酒を飲むなどイスラーム的な教義から逸脱する人もいることは事実である。彼らはイスラーム的には問題のある人たちだ。けれども、自分たちの宗教文化には誇りを持っており、非ムスリムを家族として迎える際には妥協を許さない側面もあるのだ。また一方で、外国人ムスリム本人があえて非ムスリムの交際相手や配偶者にムスリムであることを強要しないこともある。だが生まれながらのムスリムである彼らは自分がムスリムであることを忘れてはいない。それは彼らの信仰の厚さに加えて、イスラームは先祖代々からの宗教文化であるという家族集団におけるアイデンティティともいうべき価値観を持つためである。

ただここで注意しなければならないことがある。イスラームには地域性が見られることは、これまでにも何度か述べたことである。故に、ムスリムの数だけイスラームに対する考えの違いを見ることができる。だがそのような違いを受け入れることもまたイスラームを理解することである。つまり異文化理解とは、相互の違いを見出し、相手がどうしても譲れないところを認め合うことにあるのだ。

ハラール・ビジネスから見えてくる日本の現状

この価値観の理解の難しさに関しては、日本社会がイスラームにどう関わってきたのかその経緯にも原因の一端があるといえよう。

一例を挙げよう。非ムスリムの日本人がハラールというイスラームの概念を誤認したままハラール・ビジネスを展開し、かつ日本のムスリムたちがイニシアティブをとらなかったことで、日本のハラール事情は複雑になってしまったことを前章で述べた。筆者は20年以上も日本のイスラームを見てきた。20年前はインターネットのオンラインショップが発達する前のことでもあり、店舗に足を運ぶことが主流であった。だが、ハラール・レストランはごくわずかである上、ハラール食品を扱う店舗といえば外国人ムスリムたちが経営する小売店、あるいは輸入品を扱う大手のデパートやスーパーマーケットのみであった。滞日外国人ムスリムたちが自分たちの食を確保する意味もあって、自国からハラール加工品を取り寄せるという輸入貿易業を営んできた。また東京・上野にあるアメヤ横丁のような市場の中で、卸売店舗が積極的に海外のハラール認証団体のマークが付いた商品を取り扱っていた。大手デパートや滞日外国人たちが頻繁に利用するスーパーマーケットも輸入食品を扱う中で、ハラール認証を受けた食品とは知らずに売り場に置いていたこともあった。場所は限定されるが、それでも無いよりはましであったから、ムスリムたちは遠くからであっても買い出しに来た。また一方、ハラールか否かが問われる中で、日本で生活するのに適したイスラーム法の解釈の議論も行われた。なぜなら日本人ムスリムのあいだでは、常にどの法学派の解釈を採用するのかが議論となるからだ。日本仏教における宗派と同様に、ムスリムは本来であれば先祖代々から受け継がれているやり方に従う。日本人ムスリムの配偶者が外国人ムスリムであればその配偶者の法学派の解釈に従うと、その日本人ムスリムは決めることができる。ところが、日本人改宗者同士の夫婦であれば、どの法学派をとるのか決めかねる。そこでそれぞれの法学派による解釈を学び、日本で生活していく中で支障がない方法を選び取って実践しているのである。

日本のムスリムたちの苦労は計り知れないだろう。これまで日本国内のムスリム人口の少なさはビジネスにならないとみなされ、ビジネスパーソンたちから無視されてきた。だがムスリム観光客数が増加している状況を背景として、ハラール認証を受けてハラール・マークを付ければモノが売れるとビジネスパーソンたちが知った途端、手のひらを返したかのように、積極的にハラールやハラール認証について学んでいった。「売れる」と知った途端に何食わぬ顔で急にイスラームに注目して学ぶ姿勢を見せるようになったのである。

今や経済界では、日本のインバウンド政策への取り組みのみならず、マレーシアやインドネシアを中心にしたイスラーム諸国への日本製品の輸出など日本経済を支えるため、「Ｍａｄｅ　ｉｎ　Ｊａｐａｎ」というブランドだけでなく、ハラール認証をとって積極的に日本製品の売り込みをかけようとしている。だがそれは裏を返せば、日本人相手の市場は頭打ちであるという経済状況を示唆しているだろう。

日本とイスラームの共存に向けて

以上、日本国内にイスラームをもたらす要因となった外国人ムスリムの存在と、ムスリムと非ムスリムがそれぞれ理解するイスラームの価値観の相違について考察した。現代の日本社会では、外国人の力や海外の宗教文化を利用しなくては日本社会自体が生き残れないという現実に直面しているといえよう。これは、言い換えれば、外国人を日本社会に受け入れて共存社会を構築するという多民族・多文化社会への可能性の道を示しているともいえる。

既に１９８０年代後半から１９９０年代の外国人労働者問題においては、様々な国や地域からの労働者たちが日本に異文化をもたらすことがいわれていた。またこの時期に出版された外国人労働者問題関連の書籍などには彼らを受け入れるか否かの議論が巻き起こっていた。日本が外国人労働者を受け入れることによって将来どのように多民族・多文化社会への道を切り開いていくのかということを議論していた。そして現在、日本は再び外国人材を受け入れようとしている。それもこれまでの高度専門職や介護などの特定の産業分野における相当の知識や技能を持った人々を対象にした受け入れのみならず、建設現場や製造業などの重労働で危険を伴う作業から外食業に至る14の産業分野においても正規に就労ビザ（特定技能1号および2号）を発給するという新たな試みである。この新たな就労ビザは、これまでそれほど技術を持たずとも作業ができ、日常会話程度の日本語ができる外国人が雇われてきた職種に対して発給されるビザでもある。人手不足を解消するために安価な労働力を海外から補うとみられてもおかしくはない。その上、外国人への生活保障、報酬などの待遇、労働時間などの法定の順守といった、外国人との共生において、今後多分に社会的な問題も抱えるようになることが指摘できる。だが、あまり議論は進んでいないように思える。なぜなのか。

一つには、問題を議論する余地がないほど、外国人材を受け入れざるを得ない状況に日本社会があるからだ。少子高齢化で人口が減少していく中で、若い世代の労働人口の確保が難しいこと、とくに人手が足りないとされる14業種については、危険を伴う作業や低賃金などのために若い世代の日本人が就きたがらない職種といえるからだ。こうした職種においてＡＩ化やロボットを導入するにしてもまだかなり先の話になる。だからこそ、安価でいつでも辞めさせることのできる海外からの人材を受け入れようとするのだ。ただしくり返しにはなるが、外国人を受け入れるということは、その外国人の宗教文化もまた受け入れるということになる。その点においては、日本政府が受け入れ体制の充実を図るよう本来様々な視点から議論されるべきことだが、実際は地方自治体や民間企業、あるいは地域の市民ボランティア団体に任せっきりで、問題がおきたら対処するその場しのぎの感が拭いきれない。

また、ハラール・ビジネスのような海外の宗教概念を学んでビジネスに取り込む事業についても同様に、外国人の購買力を頼りにしなければ商機を得られない、あるいはビジネスが成り立たないという日本経済の一面を垣間見ることができる。

わざわざハラールというイスラームの概念を学んでこの新規ビジネスに参入することは、一見すると商機をつかんだかのように思われるが、実はイスラームの価値観まで理解していないが故に、ハラール性の維持の可否と現場への負担、ムスリムと非ムスリムの間での価値観の相違など多分に危険な要素をはらんでもいる。ハラールについては、前述のように、日本人ムスリムによる強いリーダーシップによって国内のハラールの条件をまとめることが必要である。イスラームのことは、ムスリムたちの間で行うことが最良策であると筆者は考えるからだ。しかしながら、誰もリーダーシップを取らずにいたために、非ムスリムが商機を逸することを恐れて、早々に自らイスラームを学び、ウラマーなどのイスラーム知識人でもなく、イスラームを学問として学んだこともないムスリムたちと手を組むことによって、日本のハラール・ビジネスが開拓され、進められることとなった。これは良くも悪くも日本の経済界を中心に、日本社会がイスラームという宗教文化をビジネスに利用しているということである。またこうした異なった文化をビジネスにすることでその文化が日本社会に広まることにもつながる。これは、日本がビジネスを通して、多文化を受け入れていることになる。いわば日本が多文化社会に着実に進んでいることの証でもあるのだ。

では、これからの日本はどのように多民族・多文化社会の道を切り開いていくのだろうか。外国人の就労政策については、日本政府は方針として、移民の受け入れはないと述べている。だが、たとえ移民という形でなかったとしても、就労目的の外国人は長期に亘って滞在し、その間に彼らの持つ宗教文化も社会に少しずつ広まっていく。例えば「難民ビザ」で就労する外国人が日本人と結婚して日本国内で家族を形成すれば定住外国人となり、彼らの文化は日本国内に流入することとなる。また人手不足だからといって、安易に就労ビザを発給することは定住する外国人労働者数をさらに増やすことになる。現行の外国人材受入れ政策は地方自治体や民間企業、あるいは地域住民のボランティア活動に任せっきりでろくに議論されないままに施行されている。このままでは、就労ビザが合法であるか否かの違いだけであって、1980年代後半からの外国人労働者問題と同様の問題がくり返されることになりはしないだろうか。もっとも、現在の外国人労働者は合法ビザを所有しているから、生み出される問題は1980年代後半からの外国人労働者問題の時と似通っていたとしても、社会保障や地域社会との関係性などの、より複雑な問題を起こすことになるだろう。

日本の多民族・多文化社会の構築のためには、こうした政策や外国人材の社会保障面などもさることながら、地域社会との関係についても、まずはどのように道を切り開いていくのか議論を盛んにすべきであろう。またこの章のテーマである日本とイスラームの共存においては特に難しい議論となるだろう。というのも、イスラームは日本文化とかけ離れた宗教文化であり、かつネガティブなイメージが抱かれている。そう簡単には日本社会に受け入れられることはない。その点について、社会学者の小室直樹は、イスラームには「日本人が苦手とする規範（戒律）」があり、一神教を貫き、人間は神になれないと規定しているため、「日本人に受け容れられるわけもない」と述べている。加えて、イスラームを日本人に「馴染みやすくしたければ、いっさいの戒律を廃止したうえに、アッラーの神以外も認める以外にない」とも述べている（小室２００２）。こうしたイスラームの原理主義的な性質がイスラームをネガティブに思わせる一要因になり、日本人のイスラーム理解を困難にさせているといえる。だとすれば、イスラーム圏からの労働者を今後も受け入れるということはどういうことなのか。それは日本におけるイスラームの現状を見て議論することを、外国人材受入れ政策の一環として取り入れるべきだと筆者は考える。

現在の日本社会には、就労目的の外国人ムスリムをはじめとして、ムスリム留学生たちなど、様々な目的で来日した外国人ムスリムが日常生活を送っている。日本とイスラームとの関係は、課題を背負いながらも、出会うことから一歩先に進みつつある状況であるといえる。

そこで最後に、筆者が日本とイスラームの共存への可能性の例として、イスラームと他宗教との対話と、純粋に日本が好きで留学先に日本を選んだムスリム留学生の2つを取り上げよう。

まず宗教間対話についてである。若い日本人ムスリムからよく聞くこととして、宗教間対話は不毛だとか、自己の宗教が一番良いことをそれぞれの宗教の信徒たちが強調しあっているだけだなどというネガティブな意見を耳にする。だが、本当にそうであろうか。確かにそれぞれの宗教の信条や価値観などで見解が分かれるから、異なる宗教間で話し合っても平行線をたどることは当然のことである。その視点から若いムスリムたちは宗教間対話をネガティブに考えるのだろう。ただ宗教間対話の試みは全く無意味なことではない。一緒に何かのイベントを企画運営することで、それぞれの主張を乗り越えることもできる。互いの主義主張を超えて融和と寛容の精神が育まれ、他宗教の信徒どうしでの友情も生まれるだろう。それが共存への道となるのである。例えば、WCRP（世界宗教者平和会議）では、宗教を超えて平和への祈りをともに捧げるイベントを行っている。どの宗教も世界が平和であることを願う気持ちは一つである。たとえ価値観が違っていても、そのような違いを受け入れることはお互いを理解することである。宗教間対話は異文化理解と同じで、それぞれがこの世界で共存するためにお互いの違いを見出し、その相違点を理解していくためにある。

次に、ムスリム留学生についてである。第4章の図表5で示したように、現在、ムスリム留学生で一番多いのはインドネシア人である。次いで、バングラデシュ人である。一時期はマレーシアからの留学生が2番目に多く日本に留学に来ていた。

インドネシア人やマレーシア人の中で純粋に日本が好きで留学したムスリム留学生たちは、日本文化を積極的に知ろうと努力している。時に彼らは、日本人学生との和やかな交流を通して、逆に日本人学生の方が心配になるくらい大胆なことをする。例えば、納豆を一生懸命に食べようとする。

食べられるようになることが日本に馴染んだとの指標になるのだろう。また、ちょっと丈の短いレースやプリント柄のついた「カワイイ」スカートをはいてみて、今までにない自分を体験してみたりもする。日本にいる間はできるだけ日本人のやっていることをやってみようとしている。とくに同世代の若者がやっていることに興味を示して試してみる。みんなが楽しんでやっているのだから自分もやってみたいと思う、それはごく自然のことだ。ただムスリムであることは自覚している。だからイスラームの教義上やらない方が良いということであっても、何故やってはいけないのかを理解するためにあえて体験してみようとする。よくムスリム留学生から聞くのがビールを買って飲んでみたケースである。大学のゼミの仲間がビールをおいしそうに飲んでいるので、自分で買ってみて、どれくらいおいしいのか試しに飲んでみたりする。身を以て体験し、後でなんとなく具合が悪くなって後悔したのでやはりやってはいけないことだと理解する。何か親近感さえも覚えてくる。

こうしたムスリム留学生の状況があるのと同時に、日本人学生もまた彼らとの交流を深めている。例えば、ムスリム留学生が食事に困っているとき、手ごろな値段で入手できる安いハラール食品の購入先を一緒にスマホで調べて店舗に行ってみたりしている。実際に購入した食材を一緒に調理してみて仲良くなっていく。また最近街中に増えているハラール・ラーメンを食べに行って、感想をいい合っている光景を目にすることもある。美味いか不味いか、本場の味なのかそうでないのか、値段や量とかごく自然な会話である。

最初から、宗教上の理由からあれはダメ、これはダメとムスリムがいっていては相手が友だちになりたいと思っていても、その気持ちは削がれてしまう。ガチガチの原理主義者ではいけないのだ。ムスリムであるからといって、何か特別な存在であるかのように振る舞われてしまっては、交流・対話の場が失われてしまう。

ムスリム留学生との交流をきっかけに、大学在学中に起業した日本人学生もいる。その学生はムスリム留学生が食事に困っているのを見て、ハラールレストランやハラール食品を扱う店舗などの情報を検索できるスマートフォンアプリを開発した。ムスリム留学生との交流がなければこうしたアプリの開発も、彼の起業もなかった。困っているのなら助けたい。そのような相手を思い遣る心がなければこの日本人学生の行動は起きなかったのだ。

ムスリム留学生と大学生たちの交流を見ているとこうしたことが本来の国際交流の姿であり、かつ異文化理解の光景だと思うことができる。宗教や文化を超えてお互いに歩み寄ること、これが今の日本社会に求められていることである。だからこそムスリムには、イスラームの教義だからといって厳格な行動を同じムスリムに求めたり、あるいは非ムスリムにイスラーム理解を強要したり、一部の労働者のように自分の欲のために相手を利用してやろうという心を持ってもらいたくないのである。そうしたことで友好な関係は築けなくなるだけでなく、ムスリムひいてはイスラームに対しても悪い印象を持たれることになるからだ。それは決して対等な立場で共存していくことにはつながらない。

筆者は前著で日本のムスリム第2世代に日本とイスラームとの相互理解そして共存の将来がある

のではないかと期待を寄せた。勿論、今もその気持ちは変わっていない。だが同時に、ムスリム留学生にもムスリム第2世代と同様に期待を寄せている。とくに、マレーシアやインドネシアからのムスリム留学生の多くはムスリムであると同時に適度に日本文化に馴染んでいることから、懸け橋になると考えている。彼らは日本のアニメや音楽などのコンテンツをきっかけとして日本を知り、ＫＡＷＡＩＩ（カワイイ）に代表される日本文化を楽しみながら、ムスリムとしての自己も体現している。

筆者は、日本文化もイスラームも併せ持つという彼らの姿は、日本人とムスリムとの間での良いコミュニケーションの取り方であると考える。またムスリムのこうした姿勢はある意味で正しいムスリムの在り方なのだと考える。大学生などの若い世代にこうしたムスリムの友人がいることによって、イスラームとは何かを知り、自然と多様性や異文化理解とは何かを学ぶことにもなる。共存社会においては多様性を理解してお互いに平等な立場をとって認め合うことが必要なのである。

おわりに

　日本国内における外国人ムスリムの存在は日本とイスラームが出会うきっかけを作った。またその出会いによって、日本人はイスラームの知識を獲得し、中にはイスラームに改宗する者も出てきた。さらに1980年代後半からの外国人ムスリム労働者とその後に来日したムスリム留学生の存在は、日本各地にモスクが開設されるきっかけとなったこともあり、日本にイスラームが広まる重要な要因とみることができる。近年のムスリム留学生数や東南アジアを中心にした訪日ムスリム観光客数の増加は、非ムスリムの日本人がハラール・ビジネスに目を向けるきっかけとなった。現在では、より多くの日本人がイスラームと出会い、知識を得る場が広がっているといえる。

　今後は、ムスリム第2世代の若者たちが日本国内のイスラーム団体の活動を推し進めていく時代に入っていく。その意味では、日本を知りそしてイスラームも理解しているムスリム第2世代の存在が注視されることになる。だが、我々がそれ以上に注視しなければならないことは、現在の課題でも説明したように地域社会と外国人との共存社会の構築である。２０１９年４月に外国人材受入れ政策が施行された。議論を重ねた上で成立したわけではないので、受入れ制度自体がこれから現場で作られていくことになる。つまり、外国人材を受け入れる地方自治体や地域社会にそのまま丸投げされたことになる。したがって今後は地域社会に見合った制度化もさることながら、地域社会の外国人労働者への受け入れ対応、すなわち如何に外国人と接していかねばならないのかという異文化との共生に向けた理解もまた課題となるだろう。

これまでにも日本社会は研修制度など様々な形で外国人労働者を受け入れてきた。だがあまりに脆弱な制度故に、法の穴をついて「難民ビザ」のような滞在・就労ビザの問題なども発生している。

この「難民ビザ」に関して筆者はＦさん以外にも複数の「難民ビザ」所有のムスリムと話をした。詳細はまたいずれの機会に執筆することとして、どのムスリムたちも日本人女性との結婚を夢見ていることと、なるべく多くの給与を得ると同時に日本で散財しないように生活して貯蓄をしていくことに主眼をおいている。彼らにとって日本は自分の人生の全てを叶えさせてくれる国なのかもしれない。

だが現実は厳しい。外国人が就く職種は、多くの日本人が嫌厭する内容の仕事や低賃金のために人材不足に陥っていた業種である。人材不足の解消のために、外国人労働者たちに任せられることができるように法律が改正され施行された。業界関係者にとっては良い労働力を得られることとなった。ただそれだけだ。課題はまだ山積している。彼らを受け入れる地域社会は外国人労働者を快く受け入れてくれるのだろうか。彼らが日本で問題なく生活できるよう支援することができるのだろうか。その上で彼らの日本への思いを考えると、日本は経済優先だけの国なのかとネガティブにも考えてしまうのである。

今後特定技能の業種における人材として来日する者、そして留学生がそのまま日本国内で就職していくことになると、それと同時に彼らの文化もまた更に広まることになる。その時に日本社会は如何に彼らに向き合い、共存社会を築くのだろうか。日本のムスリム・コミュニティにも影響を与えることになるニューカマーとしての存在になる彼らをコミュニティはどのように受け入れていくのだろうか。今後の大きな課題となるだろう。

謝辞として

本書を書き終える直前に長年お世話になっていた樋口美作氏が亡くなられた。これまで日本のイスラーム全般をよく知る方としていろいろ教えて頂いた経緯もあり、また本書においてもご協力頂いた。故樋口氏に多大なる感謝の意を表したい。

本書を書くにあたっては、本当に大勢の方々にご協力頂いた。初めに、朝日新聞出版朝日選書編集部の大﨑俊明氏には、出版に多大なるご尽力を頂いたことに感謝の意を表したい。また、本来であれば、一人ひとりのお名前を挙げて謝辞を述べるべきところであるが、この場を借りてご協力頂いた全ての方々にお礼を述べたいと思う。特に、吉田秀登、遠藤利夫、下山茂、実松克義、下河辺明子、永野将司の諸氏にはお世話になった。さらに、アラビア語翻訳については茂木明石氏にご協力頂いた。この場を借りて感謝を申し上げたい。最後に、これまで研究生活を支えてきてくれた私の両親に、多大な感謝を述べたい。

日本のイスラームに関する年表

西暦	和暦	日本のイスラームに関係する出来事	関連する日本の主な出来事	関連する世界の主な出来事
1868	明治元年		明治維新（鎖国政策は廃止され、門戸が開放された。西欧の物資や思想が急激に国内に流入した。また、海外事情も日本国内に紹介されるようになっていった）	
1869	明治2年			スエズ運河開通
1876	明治9年	林董が英語から訳した預言者伝『馬哈黙伝』が出版される		
1877	明治10年			露土戦争（～1878年）
1885	明治18年		福澤諭吉、『脱亜論』を発表	
1889	明治22年	7月中旬、オスマン帝国軍艦「エルトゥールル号」、日本との親善を結	大日本帝国憲法公布	

		ぶため、イスタンブールを出港、日本への道中、アデン、ボンベイ、コロンボ、シンガポール、サイゴン、香港、福州と寄港	
1890	明治23年	オスマン帝国軍艦「エルトゥールル号」、横浜港に到着（6月）、約3カ月間の滞在の後、9月14日に出港、紀伊半島樫野埼灯台付近で遭難、沈没	第1回帝国議会召集
1891	明治24年	野田正太郎、オスマン帝国に到着（1月） 野田、ムスリムになる（5月）	
1892	明治25年	山田寅次郎、オスマン帝国に到着（4月）	
1893	明治26年	野田、帰国	
1894	明治27年		日清戦争（～1895）
1895	明治28年		三国干渉により、日清戦争で割

			譲された遼東半島を返還（西欧列強の清国分割化が激化する中で、日本は軍備の増強に努める）	
１８９８	明治31年			東清鉄道の起工➡タタール人に満洲移住を促す直接のきっかけとなる
１９００	明治33年		社会運動や労働運動の取り締まり強まる	
１９０２	明治35年		日英同盟成立	
１９０３	明治36年		頭山満ら、対露同志会を結成	
１９０４	明治37年		日露戦争（～１９０５）	
１９０５	明治38年		ポーツマス条約	露、血の日曜日事件
１９０６	明治39年	世界宗教者会議（東京にて）	南満洲鉄道株式会社設立（初代総裁は後藤新平）	

1909	明治42年	アブデュルレシト・イブラヒム、来日（2月） 山岡光太郎、メッカ巡礼へ出発（10月）	伊藤博文、ハルビンにて暗殺	
1910	明治43年	『イスラミック・フラターニティー』創刊（9月以後、10カ月間発行された）	韓国併合	
1911	明治44年		関税自主権の回復	辛亥革命が起こる
1912	明治45年 大正元年	山岡、『世界乃神秘境アラビヤ縦断記』記す		中華民国成立 第一次バルカン戦争
1914	大正3年		世界大戦の影響で好景気になる	第一次世界大戦勃発（〜1919）
1915	大正4年		中国政府に21カ条の要求を出す 日本、満洲へ進出	
1917	大正6年			ロシア三月革命により皇帝ニコライ2世退位→ロマノフ朝滅亡 ロシア十一月革命勃発

1919	大正8年			パリ講和会議
1920	大正9年	クルバンガリー初来日（11月）	日本、国際連盟に加盟 戦後恐慌始まる	国際連盟発足
1921	大正10年		日・英・米・仏の間で4カ国協定結ぶ→日英同盟の破棄	
1922	大正11年			オスマン帝国滅亡 ソビエト社会主義共和国連邦成立
1923	大正12年		関東大震災発生（9月1日）	トルコ共和国成立
1924	大正13年	田中逸平、中国・山東省にて、正式にムスリムとなる（1月）。メッカ巡礼へ出発（2月） クルバンガリー東京に移住（10月）		ローザンヌ条約締結
1925	大正14年	東京回教団設立（1月）	治安維持法公布	
1927	昭和2年	東京・代々木上原にて東京回教学校		

		創立		
1928	昭和3年	東京回教印刷所設立		
1929	昭和4年			世界恐慌が起こる
1930	昭和5年			ロンドン軍縮会議
1931	昭和6年		満洲事変が起こる	
1932	昭和7年	イスラーム文化研究所設立（2月）	満洲国建国宣言 五・一五事件が起こる 政党政治が終わる	
1933	昭和8年	アブデュルレシト・イブラヒムが政府要人の招聘により再来日 イスハキー、来日 田中逸平、2回目のメッカ巡礼に出発（12月）	国際連盟脱退 （中国政府が日本の満洲での行動を侵略として国際連盟に訴えたことから、日本は連盟から脱退することになった）	ヒトラー内閣成立
1934	昭和9年	東京・神田で、和泉橋倶楽部乱闘事件が起こる 田中逸平、2度目のメッカ巡礼から		

		の帰国後の9月に死去、10月に日本で最初のイスラーム葬儀が執り行われた 細川将、鈴木剛、郡正三、山本太郎、メッカ巡礼へ出発		
1935	昭和10年	神戸モスク開堂（9月）		
1936	昭和11年	小林哲夫、エジプト・アズハル大学入学	二・二六事件が起こる	
1937	昭和12年		盧溝橋事件→日中戦争勃発	日独伊三国防共協定調印
1938	昭和13年	大日本回教協会設立 機関誌『回教事情』創刊 回教圏研究所設立（3月）→月刊誌『回教圏』創刊（7月） 東京モスク開堂（5月）	国家総動員法公布	独墺合併宣言
1939	昭和14年	東京・上野、及び大阪・日本橋の松坂屋にて「回教圏展覧会」開催→世界回教徒第一次大会が東京にて開催（11月）	国民徴用令公布	第二次世界大戦勃発（〜1945）

		大阪にて回教圏座談会開催（12月）		
1940	昭和15年	小林哲夫、エジプトから帰国	政党の解散 武力を含む南進政策決定	日独伊三国軍事同盟条約調印
1941	昭和16年	三田了一、ムスリムになる	太平洋戦争勃発（～1945）	独ソ戦開始
1944	昭和19年	イブラヒム死去（東京・多磨霊園に埋葬される）		
1945	昭和20年		広島・長崎に原爆投下される 日本、ポツダム宣言受諾→無条件降伏へ 連合国総司令部（GHQ）が日本に上陸	独軍、無条件降伏 ポツダム会談 国際連合成立
1947	昭和22年			インド連邦・パキスタン、両自治領成立
1948	昭和23年			第一次中東戦争
1949	昭和24年		1ドル＝360円（固定相場制）	北大西洋条約機構（NATO）の成立

１９５０	昭和25年		朝鮮戦争による特需	朝鮮戦争（〜１９５３）
１９５１	昭和26年		サンフランシスコ講和条約締結	イランで石油の国有化が決定する
１９５２	昭和27年	イスラーム友の会が設立（後に名称を「日本ムスリム協会」に変更。都内を何度か移転している）		トルコがＮＡＴＯに加盟
１９５３	昭和28年			エジプト、ムハンマド・アリー朝が廃止されて、共和制へ移行する
１９５４	昭和29年	イスラーム友愛協会が京都に設立		
１９５５	昭和30年			アジア・アフリカ会議（バンドンにて開催）
１９５６	昭和31年	パキスタンからタブリーグが布教活動のために来日する	国連総会にて日本の加盟を承認	パキスタン・イスラーム共和国成立 第二次中東戦争

1957	昭和32年	三田了一、留学のためパキスタンに渡る		
1959	昭和34年		ドル為替自由化を実施	
1960	昭和35年	日本ムスリム協会初代会長の今泉義雄死去		石油輸出国機構（OPEC）結成
1961	昭和36年	東京大学のムスリム留学生を中心にしてムスリム学生協会設立		
1962	昭和37年	三田了一、クルアーンの翻訳作業を開始する 東京・目黒に教育施設の「バライ・インドネシア」開設		アルジェリア独立
1963	昭和38年		外国為替管理令改正（6月）	イランで白色革命（1月）
1964	昭和39年			アメリカ合衆国で公民権法成立
1965	昭和40年			米空軍の北ヴェトナム爆撃（北爆）始まる

1966	昭和41年		千葉県成田市に新東京国際空港建設が決定する	中国にて、文化大革命が始まる
1967	昭和42年			第三次中東戦争（6月） 東南アジア諸国連合（ASEAN）結成
1968	昭和43年	イスラミックセンター・ジャパン設立（東京・世田谷区）		
1971	昭和46年			インド・パキスタン戦争
1972	昭和47年	クルバンガリー、チャリャビンスクで死去 三田了一の翻訳によるクルアーン対訳本『日亜対訳・注解　聖クラーン』が刊行される		東パキスタン、バングラデシュとして独立を宣言
1973	昭和48年		石油ショック	第四次中東戦争
1974	昭和49年	イスラーム文化協会設立（機関誌『イスラミック・カルチャー・フォ		

		ーラム』を12号まで発行） 日本イスラム教団創設者二木秀雄、ムスリムになる（12月）	
1975	昭和50年	日本イスラム教団、東京・新宿に設立 イスラミックセンター・ジャパン、宗教団体として組織が再編成される	サウジアラビア国王ファイサル暗殺される ヴェトナム戦争終わる
1978	昭和53年	「ジャパン・イスラミック・モスク（日本回教寺院）」、大阪市内に開設	
1979	昭和54年	「日本のムスリムが迫害されている」という誤報道事件が起こる	イラン、ホメイニ師が帰国し、実権掌握 アフガニスタンでソ連軍による軍事介入→親ソ政権発足
1980	昭和55年		イラン・イラク戦争始まる
1981	昭和56年		マレーシア、マハティール首相就任
1982	昭和57年	アラブ イスラーム学院開設（開設	

		当初はイスラミックセンター・ジャパンの近くに事務所が置かれていたが後に東京・港区内の現住所に移転した）		
1983	昭和58年	三田了一死去（日本人ムスリムによるクルアーンの日亜対訳本を製作することに貢献）	中曽根首相、「留学生受け入れ10万人計画」を発表する（5月）	
1984	昭和59年	東京モスク、老朽化のため閉鎖	国籍法・戸籍法改正案成立→国際結婚の男女平等を承認する	
1986	昭和61年	東京モスクが取り壊される		
1987	昭和62年		世界七大宗教者会議が開催される（8月）	
1988	昭和63年			アフガニスタン和平協定調印 イラン・イラク戦争終結 パキスタン、ベナジル・ブット女史が首相就任 小説『悪魔の詩』が出版される

1989	昭和64年 平成元年		消費税実施（4月）	イランの最高指導者ホメイニー死去（6月） ベルリンの壁撤去開始
1990	平成2年		株価暴落が始まり、バブル現象が露呈する（2月） 企業の人手不足急増→外国人労働者が激増	イラク、クウェート侵攻（中東危機）（8月）
1991	平成3年	森本武夫死去（日本ムスリム協会第4代会長。イスラーム文化協会を開設し、自己資金により、英文の機関誌を発行した）	当時筑波大学助教授であった五十嵐一、刺殺される。『悪魔の詩』を日本語訳したことで殺害されたといわれている（2006年7月時効成立）	湾岸戦争（1月～4月） ソ連邦消滅、独立国家共同体（CIS）創設（12月）
		埼玉県春日部市内にパキスタン・タブリーグが「一ノ割モスク」を開設		
1992	平成4年	札幌に北海道イスラミックソサエティ設立		アフガニスタン内戦終結
1993	平成5年			オスロ合意 欧州連合（EU）条約発効
1994	平成6年	ジャパン・イスラミック・トラスト	このころから東南アジア系労働	パレスティナ暫定自治政府発足

		（宗教法人日本イスラーム文化センター）設立	者の入国者数増加する	アフガニスタンでターリバーン結成
1995	平成7年	「伊勢崎モスク」開設（プレハブ小屋から始まる） 東京板橋区内に「成増モスク」開設	阪神・淡路大震災（1月） オウム真理教強制捜査開始（3月）	アメリカ、オクラホマシティの連邦政府ビルで爆弾テロ事件が発生（4月） パレスティナ自治拡大協定調印（9月）
1996	平成8年			ターリバーン臨時暫定政府を樹立
1997	平成9年	群馬県境町に「境町モスク」開設		ボスニア・ヘルツェゴビナ共和国発足
1998	平成10年	千葉県市川市に「行徳モスク」開設 名古屋市内に「名古屋モスク」開設 東京・浅草に「浅草モスク」開設 小村不二男死去（イスラーム友愛協会を京都に設立。『日本イスラーム史』を記した）		
1999	平成11年	埼玉県戸田市内に「戸田モスク」開		インドネシア、東ティモールの

		設 東京・大塚に「大塚モスク」開設 富山県内に「富山新湊モスク」開設		独立承認（10月）
2000	平成12年	東京モスク、名称を「東京ジャーミイ」と改め、開堂（6月） 埼玉県八潮市内に「八潮モスク」開設 神奈川県海老名市内に「海老名モスク」開設	アラビア石油、サウジアラビアの原油採掘権失効（2月） インドネシアにて、これまでハラール認証を受けていた味の素の製品が更新の際にハラール不適合とされた（9月）↓後に、問題を解決し、ハラール更新された	
2001	平成13年	茨城県つくば市内に「つくばモスク」開設 富山県小杉町にてクルアーン廃棄事件が起きる（5月） 成増モスクが葛飾区内に移転し、名称を「お花茶屋モスク」と改めて開設		アフガニスタン、ターリバーンがバーミヤンの磨崖仏を破壊（3月） ニューヨーク・ワシントン同時多発テロ（9月） アフガニスタン・ターリバーン政権崩壊（11月）
2002	平成14年	東京八王子市内にサウジアラビアの団体からの寄付により「八王子モス	アフガニスタン復興支援会議、東京で開催（1月）	アフガニスタン移行政府成立（6月）

		ク」開設		
2003	平成15年			米・英軍によるイラク攻撃（イラク戦争）→フセイン政権の崩壊 マハティール首相が辞任する（10月） 日本人外交官2名、イラクで殺害される（11月）
2004	平成16年			陸上自衛隊、イラク・サマワ入り（2月） スマトラ沖大地震（M9・0、12月）
2005	平成17年	「京都モスク」開設	愛知万博（3月～9月）	アフガニスタンで邦人2名が殺害される（8月） デンマークの新聞社が預言者ムハンマドの風刺画を掲載→イスラーム諸国のデンマーク大使館が襲撃されるきっかけとなる（9月） パキスタンでM7・7の大地震

				（10月）
2006	平成18年	伊勢崎モスク、ミナレットが付随したモスクを建設、開堂 大阪府茨木市内に「大阪茨木モスク」開設 名古屋港近くに「名古屋港モスク」開設 神奈川県横浜市内に「ジャーメ・マスジド、横浜」開設		ジャワ島で地震M6・9（5月） ローマ法王のイスラーム聖戦批判にイスラーム諸国が反発（9月）
2007	平成19年		日イ経済連携協定が締結（8月）	イギリスのエリザベス女王が小説『悪魔の詩』の作家サルマン・ラシュディにナイトの称号を授与（6月）
2008	平成20年	徳島県徳島市内に「徳島マスジド」開堂（4月） アニメ『ジョジョの奇妙な冒険』の中でクルアーンを落とすなどの描写があり、イスラームへの侮辱として非難の的となる（5月） 岐阜県岐阜市内に「岐阜マスジド」	前年に締結された日イ経済連携協定によって、インドネシアから208名の看護師・介護福祉士候補者が来日（8月）	リーマン・ショック

		開堂（7月）		
2009	平成21年	08年11月に在ドバイ総領事館にて提供した佐賀牛がハラール処理を施されていないことが明るみに出た（3月） 福岡県福岡市内に「福岡マスジド」開堂（4月）		
2010	平成22年	日本ムスリム協会第6代会長五百旗頭陽二郎死去（3月） 警視庁によって集められた滞日ムスリムらの個人情報が外部に流出する事件が発生する（10月）		
2011	平成23年		東日本大震災（3月） ↓東北の被災地に日本の各イスラーム団体およびムスリム個人が支援に駆けつける	チュニジア政権崩壊（1月） エジプト・ムバラク政権崩壊（2月） ビンラディン殺害（5月） リビア・カダフィ政権崩壊（8月） フランス、ベルギー、オランダにて、ブルカの公共の場での着用禁止する法律が施行あるいは

				閣議決定される オバマ大統領、イラク戦争終結宣言
2012	平成24年	飯森嘉助死去（5月） この頃から日本のビジネス界で「ハラール食品」が注目を集め始める		シリアで邦人記者、銃撃されて死亡（8月） イスラエル系アメリカ人が作成した短編映画が預言者ムハンマドを冒瀆するとされ、リビアやエジプトなどで暴動が起きる（9月） フランスで預言者ムハンマドの風刺漫画がシャルリー・エブド紙に掲載（9月）
2013	平成25年	熊本マスジド開堂（3月）		アルジェリアにて天然ガス関連施設をおそうテロで邦人10名死亡（1月）
2014	平成26年	石川県金沢マスジド開堂		
2015	平成27年			フランス、パリにてシャルリー・エブド襲撃事件が発生（1月）

				邦人2名、IS（「イスラム国」）に殺害される（1月） ロヒンギャ難民が問題化する フランス、パリにて同時多発テロ事件が発生（11月）
2016	平成28年	日本ムスリム協会、東京都品川区・五反田に移転。また「日本イスラーム文化交流会館」が開設（4月）		バングラデシュの首都ダッカにてテロ事件、邦人7名を含む20名が死亡（7月）
2017	平成29年		サウジアラビア国王、46年ぶりに来日（3月） テロ準備罪を核とした改正組織犯罪処罰法成立（6月）	ロヒンギャの人びとが難民としてバングラデシュに大量流出する
2018	平成30年			サウジアラビアの反政府記者がトルコで殺害される（10月）
2019	平成31年 令和元年	日本ムスリム協会第9代会長樋口美作死去（4月） 新居浜マスジドの浜中彰死去（5月） 東京ジャーミイ「ハラール・マー		ニュージーランド、クライストチャーチにある2つのモスクにて銃乱射事件が起きる（3月） スリランカの教会やホテルなどで同年3月に起きたニュージー

	ケット」オープン（5月）
	ランドの銃乱射事件への報復とみられる連続爆破テロ事件が起きる（4月） IS最高指導者バグダディ死亡の報道が流れる（10月）

＊児玉幸多（編）2019年25版『日本史年表・地図』吉川弘文館 及び 亀井高孝・三上次男・林健太郎・堀米庸三（編）2019年25版『世界史年表・地図』吉川弘文館を参考にして、筆者作成

主要参考文献

（和文）

アムネスティ・インターナショナル2016年12月20日公開書簡「日本：シリア難民留学生の受け入れに関する申し入れ書」https://www.amnesty.or.jp/news/2016/1220_6555.html（2019年3月9日参照）。

井口泰2005『外国人労働者新時代』（第2版）ちくま書房。

イスラミックセンター・ジャパン1992「インフォメイション」『アッサラーム』53号、イスラミックセンター・ジャパン、66-67頁。

磯崎定基・飯盛嘉助・小笠原良治（訳）2001『日訳サヒーフ　ムスリム』宗教法人日本ムスリム協会。

大塚和夫他（編）2002『岩波イスラーム辞典』岩波書店。

外務省インドネシア共和国基礎データ https://www.mofa.go.jp/mofaj/area/indonesia/data.html（2019年8月13日参照）。

外務省マレーシア基礎データ https://www.mofa.go.jp/mofaj/area/malaysia/data.html（2019年8月13日参照）。

梶田孝道1994『外国人労働者と日本』日本放送出版協会。

クルバンアリー、アサード1991「東京モスク消失の謎」『アッサラーム』48号、イスラミックセンター・ジャパン、18-29頁。

厚生労働省令和元年地域別最低賃金改定状況 https://www.mhlw.go.jp/stf/seisakunitsuite/bunya/koyou_roudou/roudoukijun/minimumichiran/（2019年10月8日参照）。

国連難民高等弁務官事務所（UNHCR）における「難民」の定義 https://www.unhcr.org/jp/what_is_refugee（2019年1月13日参照）。

小村明子2015『日本とイスラームが出会うとき―その歴史と可能性―』現代書館。

小村不二男1988『日本イスラーム史』日本イスラーム友好連盟。

小室直樹2002『日本人のためのイスラム原論』（第2版）集英社インターナショナル。

坂本勉1999「山岡光太郎のメッカ巡礼とアブデュルレシト・イブラヒム」池井優・坂本勉（編）『近代日本とトルコ世界』勁草書房、157-217頁。

JICA 2016年12月5日ニュースリリース「シリア難民留学生受入の募集開始：シリア難民に教育機会の提供へ」https://www.jica.go.jp/press/2016/20161205_01.html（2019年3月9日参照）。

首相官邸　観光戦略実行推進タスクフォース2018「訪日ムスリム旅行者対応のためのアクション・プラン：「多様な宗教的、文化的習慣を有する旅行者への受入環境等の充実」による「世界が訪れたくなる日本」の実現」https://www.kantei.go.jp/jp/singi/kanko_vision/pdf/h300522actionplan_honbun.pdf（2019年1月18日参照）。

島田晴雄1994『外国人労働者問題の解決策：開かれた「自助の国」をめざして』(第2版)東洋経済新報社。

宗教法人日本ムスリム協会(編)1992「イードル・フィトルについて」『アル・イスラーム』109号、宗教法人日本ムスリム協会、1頁。

宗教法人日本ムスリム協会(編)2009『日亜対訳注解　聖クルアーン』第10刷宗教法人日本ムスリム協会。

徳増公明(責任編集)2004『日本ムスリム協会創立50周年記念小史』宗教法人日本ムスリム協会。

根本敬2014『物語　ビルマの歴史：王朝時代から現代まで』中央公論新社。

法務省「平成30年における難民認定者数等について」http://www.moj.go.jp/content/001290416.pdf(2019年6月27日参照)。

法務省「難民認定申請を考えている留学生の皆様へ」(日本語版)http://www.moj.go.jp/content/001250927.pdf(2019年3月10日参照)。

法務省ホームページ「出入国管理統計統計表」http://www.moj.go.jp/housei/toukei/toukei_ichiran_nyukan.html(2019年6月30日参照)。

法務省出入国在留管理庁ホームページ「難民認定制度」http://www.immi-moj.go.jp/tetuduki/nanmin/nanmin.html(2019年6月22日参照)。

松長昭1999「アヤズ・イスハキーと極東のタタール人コミュニティー」池井優・坂本勉(編)『近代日本とトルコ世界』勁草書房、220-263頁。

松長昭2008「東京回教団長クルバンガリーの追放とイスラーム政策の展開」坂本勉(編著)『日中戦争とイスラーム：満蒙・アジア地域における統治・懐柔政策』慶應義塾大学出版会、179-232頁。

ムスリム新聞社(編)2005『私の入信記：イスラームの信仰に導かれるまで』ムスリム新聞社。

森本武夫1980「東京モスクの沿革」『アッサラーム』20号、イスラミックセンター・ジャパン、76-80頁。


(和文　新聞記事)

朝日新聞(夕刊)1979年6月8日11面「私のイスラム　下:日本人　誤解を乗り超え三万の信者」。

朝日新聞1992年7月4日31面「「イラン人が主婦襲う」偏見デマ走る　東京・中央線沿い」。

朝日新聞デジタル2018年12月26日配信「「東北で塩辛作っていた人が東京へ」外国人材流出に懸念」https://www.asahi.com/articles/ASLDT56QJLDTULFA01M.html(2019年3月10日参照)。

朝日新聞GLOBE+ 2018年6月1日配信「芝園団地に住んでいます　記者が住民として見た、『静かな分断』と共生」https://globe.asahi.com/article/11578981(2019年3月10日参照)。

MBS放送2019年3月8日配信「【特集】『就職できる』と言われたのに…　ブータン人留学生の“不幸せ”な実態」https://headlines.yahoo.co.jp/

hl?a=20190308-10000001-mbsnews-l27（2019年3月10日参照）。

NHK「クローズアップ現代 +」2018年6月6日配信「自称“難民”が急増⁉ 超人手不足でいま何が…？」https://www.nhk.or.jp/gendai/articles/4142/（2019年1月11日参照）。

京都新聞2019年2月13日配信「外国人受け入れ　政府は具体策を早急に」https://www.kyoto-np.co.jp/info/syasetsu/20190213_4.html（2019年3月10日参照）。

産経新聞（東京朝刊）2018年9月26日17面「ムスリムの子供増加　学校で理解と折り合いを」https://www.sankei.com/life/news/180926/lif1809260010-n1.html（2019年2月13日参照）。

中国新聞2019年2月13日配信「外国人雇用拡大　現場の懸念まず解消を」https://www.chugoku-np.co.jp/column/article/article.php?comment_id=504618&comment_sub_id=0&category_id=142（2019年3月9日参照）。

日本経済新聞（夕刊）2019年2月12日5面「断食月や水泳禁止教育現場が工夫　ムスリム児童の日常守る　各家庭と面談、細かく対応」https://www.nikkei.com/article/DGKKZO41145280S9A210C1KNTP00/（2019年2月22日参照）。

日本ムスリム協会会報　第19号1973「海外に進出する日本企業とイスラーム」2頁。

毎日新聞2019年1月23日配信「外国人労働者受け入れ　大都市圏偏在への懸念相次ぐ」https://mainichi.jp/articles/20190123/k00/00m/040/209000c（2019年3月9日参照）。

毎日新聞2018年11月19日5面「社説：就労外国人　日本語教育　政府の態勢は心もとない」https://mainichi.jp/articles/20181119/ddm/005/070/049000c（2019年3月9日参照）。

毎日新聞2019年2月23日2面「外国人労働者　日本語要件、緩和　介護の技能実習生　政府方針」https://mainichi.jp/articles/20190223/ddm/002/010/110000c（2019年3月9日参照）。

山梨日日新聞2019年2月11日1面2版「外国人処遇7割が懸念　県内市町村生活支援、報酬に課題　就労拡大」。


（英文）

Pakistan Bureau of Statistics, Government of Pakistan: “POPULATION BY RELIGION” http://www.pbs.gov.pk/sites/default/files//tables/POPULATION%20BY%20RELIGION.pdf（2019年8月13日参照）。
Power, C. and Abdullah, S. 2009 “Buying Muslim”, Time International（South Pacific Edition）, 5/25/2009, Vol.173 Issue 20, P31-34.

（アラビア語）

al-Qaraḍāwī, Yusuf, 1960 *al-Ḥalāl wa-al- Ḥarām fi al-Islām, Maktabat al-Jadīd.*

小村明子（こむら・あきこ）
立教大学社会学部兼任講師、上智大学アジア文化研究所客員所員。都留文科大学卒業。上智大学グローバル・スタディーズ研究科地域研究専攻博士後期課程単位取得満期退学、博士（地域研究）。研究分野は、日本のイスラーム、異文化社会におけるイスラーム、地域創生と異文化理解。著書に『日本とイスラームが出会うとき―その歴史と可能性―』（現代書館）がある。

朝日選書 991

日本のイスラーム
歴史・宗教・文化を読み解く

2019年12月25日　第1刷発行

著者　小村明子

発行者　三宮博信

発行所　朝日新聞出版
〒104-8011　東京都中央区築地5-3-2
電話　03-5541-8832（編集）
03-5540-7793（販売）

印刷所　大日本印刷株式会社

Published in Japan by Asahi Shimbun Publications Inc.
ISBN978-4-02-263091-9
定価はカバーに表示してあります。

落丁・乱丁の場合は弊社業務部（電話03-5540-7800）へご連絡ください。
送料弊社負担にてお取り替えいたします。

ともに悲嘆を生きる グリーフケアの歴史と文化
島薗進
災害・事故・別離での「ひとり」に耐える力の源とは

境界の日本史
地域性の違いはどう生まれたか
森先一貴 近江俊秀
文化の多様性の起源を追究し日本史をみつめなおす

人事の三国志
変革期の人脈・人材登用・立身出世
渡邉義浩
なぜ、魏が勝ち、蜀は敗れ、呉は自滅したのか?

失われた近代を求めて 上・下
橋本治
作品群と向き合いながら、捉え直しを試みる近代文学論

asahi sensho

増補改訂 オリンピック全大会
人と時代と夢の物語
武田薫
スタジアムの内外で繰り広げられた無数のドラマ

〔天狗倶楽部〕快傑伝
元気と正義の男たち
横田順彌
こんな痛快な男たちが日本にスポーツを広めた

永田町政治の興亡 権力闘争の舞台裏
星浩
政治家や官僚にパイプを持つジャーナリストが活写する

地質学者ナウマン伝
フォッサマグナに挑んだお雇い外国人
矢島道子
功績は忘れ去られ、「悪役」とされた学者の足跡を追う